Liz Dean

SWITCH WORDS

Wie du mit nur einem Wort dein Leben veränderst

Aus dem Englischen übersetzt
von Anita Krätzer

Ansata

Die englische Originalausgabe erschien 2015 unter dem Titel
»Switchwords« bei HarperCollins Publishers Ltd.

Verlagsgruppe Random House FSC®-N001967

Ansata Verlag
Ansata ist ein Verlag der Verlagsgruppe Random House GmbH.

ISBN 978-3-7787-7520-2

Vierte Auflage
Copyright © 2015 by Liz Dean
Copyright © der deutschsprachigen Ausgabe 2016 by Ansata Verlag, München, in der
Verlagsgruppe Random House GmbH, Neumarkter Straße 28, 81673 München
Alle Rechte sind vorbehalten. Printed in Germany.
Redaktion: Ralf Lay
Umschlaggestaltung: Guter Punkt, München
Satz: Satzwerk Huber, Germering
Druck und Bindung: CPI Clausen & Bosse

www.ansata-verlag.de
www.facebook.com/Integral.Lotos.Ansata

Inhalt

Zur Anwendung dieses Buches   7
Einleitung: Sesam, öffne dich!   9

Kapitel 1:
Die Arbeit mit Switchwords.
Die Wege zum Erfolg frei machen   25

Kapitel 2:
Switchword-Techniken. Auf geht's   53

Kapitel 3:
Nimm dir, was du willst. In allen Bereichen
des Lebens   71
Sieben Möglichkeiten, Switchwords täglich
anzuwenden   117

Kapitel 4:
Finde deine persönlichen Switchwords. Für dich
maßgeschneiderte Worte   125

Kapitel 5:
Heilung durch Switchwords. Reiki, Energiekreise und
heilende Schwingungszahlen   137

Kapitel 6:
Weitere Techniken. Switchwords, Klopfen und NLP   171

Anhang I: Der Ursprung der Switchwords 181
Anhang II: Verzeichnis der Switchwords................ 189

Weiterführende Literatur und Links.................... 205
Dank 209
Register... 211

Zur Anwendung dieses Buches

Hast du schon einmal etwas in deinem Leben schnell verändern wollen? Zum Beispiel mehr Geld verdienen, dein Erfolgspotenzial vergrößern, eine brillante Idee umsetzen, ein Buch schreiben, ein Unternehmen gründen, abnehmen, effizienter studieren, öffentliche Reden halten, die Führerscheinprüfung bestehen, emotionale Muster heilen oder einfach einen verlorenen Gegenstand wiederfinden?

Du kannst das mit einem einzigen Wort erreichen: mit einem Switchword. Du kannst bekommen, was dir am Herzen liegt, ohne meditieren, ein radikales Glaubenssystem übernehmen oder stundenlang online etwas lernen zu müssen. Switchwords sind individuell gewählte Worte, die dein Unbewusstes einschalten. Sie legen gewissermaßen auf einer tiefen Ebene einen Schalter bei deinen Überzeugungen und deinem Verhalten um. Sie bringen dich mit deinen Wünschen zusammen, sodass du anziehst, was du im Leben willst. Als würdest du einen Zauberstab schwingen, wirst du durch das Aussprechen, Denken oder Chanten dieser Worte vollkommen mit deinen ersehnten Zielen vereint und zu ihnen gebracht.

In der Einleitung und in Kapitel 1 werden die Prinzipien des Ganzen erläutert. Hier erfährst du, warum die Switchwords funktionieren und was sie bei dir bewirken können. Kapitel 2 widmet sich den einfachen Techniken und erklärt dir, wie du dein Wort aussprechen, denken und chanten kannst, wie du einen Switchword-Satz bildest und wie du über einen Fingermuskeltest herausfinden kannst, welche Worte für dich eine starke Kraft haben. Wenn du es sofort mit den Switchwords ausprobieren willst, dann wirf einen Blick in Kapitel 3 und sieh dir die magischen Worte an, die jeden Bereich deines Lebens stärken können – angefangen mit deinen Beziehungen über den Aufbau deiner Karriere bis hin zu deiner Kreativität und deiner Gesundheit. Du findest dort auch einen Plan, der aufzeigt, wie du die Switchwords im Tagesverlauf einsetzen kannst, unabhängig davon, ob du auf dem Weg zur Arbeit bist oder einzuschlafen versuchst. Es gibt buchstäblich für alles ein geeignetes Wort.

Finde anschließend in Kapitel 4 deine persönlichen Switchwords oder vertiefe dich in Kapitel 5, um die passenden Worte für ein körperliches, emotionales und spirituelles Wohlbefinden und für Heilung zu finden. Kapitel 6 eröffnet dir weitere Möglichkeiten für den Gebrauch von Switchwords, die mit Klopfen (auch als EFTs – Emotional Freedom Techniques, Techniken der Emotionalen Freiheit – bekannt) und Neuro-Linguistischem Programmieren (NLP) kombiniert werden können. Das Verzeichnis im Anhang listet eine Auswahl von Switchwords von A bis Z auf. Immer wenn du eine Anregung brauchst, um ein Switchword zu finden, kannst du die Seiten des Verzeichnisses anschauen und ein passendes Wort auswählen.

In diesem Buch werden zahlreiche Fallbeispiele angeführt, die schildern, wie Menschen aus allen Gesellschaftsschichten Switchwords eingesetzt haben, um finanziell zu profitieren, ihre Angstschwelle zu senken, ihr Selbstvertrauen zu verbessern oder ihren Erfolg anzukurbeln. Zugleich gibt es dir Tipps und Übungen zum Ausprobieren an die Hand.

Dein Leben kann sich jetzt zum Positiven verändern – durch ein einziges Wort. Ich hoffe, dass dieses Buch für dich den Anfang einer Reise in das Reich der Switchwords ist und dass du das an Liebe, Geld, Erfolg, Selbstvertrauen und besserer Gesundheit erhältst, was du verdienst.

Einleitung: Sesam, öffne dich!

Ein Holzfäller namens Ali Baba stieß auf ein Dutzend Männer, die durch den Wald marschierten. Da er fürchtete, dass sie Räuber waren, stieg er auf einen Baum. Der Anführer der Männer rief: »Sesam, öffne dich!«, und in den Felsen öffnete sich ein Tor, durch das all die Männer hindurchgingen. Hinter ihnen schloss sich das Tor. Nach einiger Zeit tauchten die Männer, nun mit Waren beladen, wieder auf. »Sesam, schließe dich!«, rief der Hauptmann und schloss damit das Tor. Dann gingen er und seine Männer zurück in den Wald.

Auf seinem Baum dachte der Holzfäller über das nach, was er gesehen hatte. Er und seine Familie hatten nur wenig zu essen und kein Geld, trotz seines Bruders Cassim. Der war reich, aber geizig. Also ging Ali Baba, der sich an die Zauberworte erinnerte, zum Tor in den Felsen und rief: »Sesam, öffne dich!« Als er durch das Tor ging, fand er ein Gewölbe vor, in dem glitzernde Schätze lagen: Goldmünzen, Unmengen von Perlen und Berge von kostbaren Juwelen. Er nahm alles an Gold mit sich, was er tragen konnte, rief: »Sesam, schließe dich!«, und schloss so das Tor.

Liz Dean, Nacherzählung von »Ali Baba und die vierzig Räuber«

»Sesam, öffne dich«, »Simsalabim«, »Abrakadabra« – und dein Wunsch wird dir erfüllt. Wäre es nicht wundervoll, wenn Worte dies wirklich bewirken könnten? Nun, es gibt welche, die so etwas vermögen, und diese wunderbaren Worte nennt man »Switch-words«. Der Begriff setzt sich aus den englischen Wörtern *switch* für »schalten« und natürlich *word* für »Wort« zusammen. Switch-words sind mächtige Aussagen, die das Unbewusste anschalten und dir dabei helfen können, das zu verwirklichen, was du im Leben anstrebst. Switchwords bilden einen verbalen Code, den das Unbewusste versteht, und wirken sofort, indem sie dein Unbe-wusstes auf dein bewusstes Ziel ausrichten. Wenn wir bei uns sind, ausgerichtet und mitschwingend – vollständig »eingeschal-tet« –, sind wir wirklich im Besitz unserer eigenen Kräfte und imstande anzuziehen, was wir im Leben wollen.

Diese mächtigen Worte sind wirkungsvoller als bewusste Affir-mationen. Sie funktionieren ähnlich wie Mantras. Die Klang-vibrationen der Switchwords, die häufig keine eigentlichen Bitten sind, beeinflussen die allgemeine Energie in unserem Umfeld, so-dass wir uns nicht nur innerlich ausrichten, sondern auch auf ein wohlwollendes Universum, das unsere Wünsche erfüllen kann. Somit sind Switchwords eine Form der Manifestation, die auf dem Gesetz der Anziehung gründet: Gleiches zieht Gleiches an. Schick einen positiven, authentischen Wunsch ans Universum, und es ist durchaus möglich, dass er dir erfüllt wird – durch ein einziges Wort.

Jeden Tag verwenden wir ganz normale Begriffe, um Türen zu öffnen. So wie Ali Baba erfuhr, dass »Sesam, öffne dich« die magi-sche Formulierung war, durch die sich die Höhle mit den Schät-zen öffnete, waren das einfache »Bitte« und »Danke« die magi-schen Worte in unserer Kindheit. »Sag das Zauberwort«, wies man uns an, damit wir bekamen, was wir wollten – ob es sich nun um ein Weihnachtsgeschenk, ein Stück Kuchen oder die Erlaub-nis handelte, mit einem bestimmten Spielzeug zu spielen. Eltern und andere Betreuungspersonen verwendeten diese Zauberworte ständig als Test, weil sie wussten, dass wir sie brauchen würden, um als Erwachsene problemlos die Kommunikationspfade beschreiten zu können – bitte, um etwas zu bekommen, danke, wenn du etwas höflich entgegennehmen möchtest. Ebenso wie »Bitte« ist ein Switchword ein magisches »Bekommen«-Wort. Es bewirkt die Übereinstimmung von Unbewusstem und Universum, sodass wir verwirklichen können, was immer wir wollen – ohne Meditation, Schuldgefühle oder Gefeilsche.

Die Manifestationsmagie von Worten ist in der Übersetzung des Lieblingsspruchs der Zauberer angelegt: »Abrakadabra« heißt, auf das aramäische *avrah k'davra* zurückgeführt, übersetzt in etwa: »Ich erschaffe, während ich spreche.« Man kann diese Formel auch von der hebräischen Aufforderung herleiten, einen Segen zu sprechen *(ha-bracha dab'ra)*, und mit der Vorstellung verbinden, dass bei dem Aussprechen eines Segens ein Wunsch in Erfüllung geht. Der erste schriftliche Nachweis von »Abrakadabra« findet sich in dem medizinischen Lehrgedicht *De medicina praecepta*, das der römische Gelehrte Quintus Serenus Sammonicus im 2. Jahrhundert n. Chr. verfasste. Er empfahl das Wort als Schwindschema gegen Fieber und Malaria in Form eines auf den Kopf gestellten Dreiecks: In die erste Zeile wird »Abrakadabra« geschrieben und dann Zeile für Zeile unter Streichung des jeweiligen Endbuchstabens wiederholt, bis in der untersten Zeile als Spitze des Dreiecks nur noch das »A« vom Wortanfang übrig bleibt. Als Amulett zur Heilung von Krankheiten getragen, symbolisiert die trichterartige Form des Wortes, dass die Krankheit nach unten aus dem Körper gezogen wird und sich in nichts auflöst. Wie durch einen Zauber verschwindet die Krankheit so.

Die magischen Worte, die wir mit Zauberkünstlern verbinden, werden wie die Switchwords verwendet, um etwas erscheinen oder verschwinden zu lassen, einen bestimmten Ort zu betreten oder die Realität auf magische Weise zu verwandeln. Die Worte sind dabei die Passwörter zwischen dieser Welt und einem anderen Reich.

»Hokuspokus« hat seinen Ursprung in dem lateinischen Satz *Hoc est corpus meus* (»Dies ist mein Leib«), der beim Abendmahl mit der Vorstellung gesprochen wird, dass sich der Wein und das Brot in das Blut und den Leib Christi verwandeln, was auf die magische Verwandlung von Dingen von einer Gestalt in eine andere verweist. Ali Babas »Sesam, öffne dich« kann auch als »Himmel, öffne dich« verstanden werden. Switchwords sind, wie du sehen wirst, unsere magischen Schlüssel, die uns eine ganze Welt von Möglichkeiten eröffnen.

Die vier Switchwords, die du kennen musst

Dies sind die »Manifestations«-Switchwords, die dir das bringen, was du willst:

ZUSAMMEN – das Meister-Switchword für alles.

GÖTTLICH – bittet um ein Wunder.

GÖTTLICHE ORDNUNG – hilft dir, alles effizient zu tun, und stellt im Chaos die Ordnung wieder her.

BRINGEN – bringt dir alles, worum du bittest.

Was können Switchwords für mich tun?

Switchwords können dir in allen Bereichen deines Lebens nützen, angefangen von deiner Arbeit und kreativen Projekten über Beziehungen bis zu finanziellen Aspekten. Hier ist eine kleine Auswahl der nützlichen Wirkungen. Switchwords können

- dabei helfen, mit Schmerzen, Niedergeschlagenheit und stress-bedingten Beschwerden umzugehen,
- beim Ablegen negativer Angewohnheiten unterstützen,
- den Schlaf und den inneren Frieden fördern,
- bei Problemlösungen helfen und die Kreativität beflügeln,
- Führungsqualitäten stärken,
- Geld herbeiholen,
- Liebe und Freundschaft anziehen,
- bereits bestehende Beziehungen vertiefen,
- Ausbildung und Studium unterstützen,
- Heilung fördern,
- mit bestehenden Therapien wie Reiki oder NLP verbunden werden.

Switchwords können zwar nicht für sich in Anspruch nehmen, Krankheiten zu heilen oder Schmerzen zu beseitigen. Aber die Arbeit mit diesen Worten hat bei manchen Menschen zu einer Linderung der Symptome geführt und ihnen geholfen, mit ihren Schmerzen und ihrer damit verbundenen Niedergeschlagenheit zuversichtlicher umzugehen und besser mit ihnen fertigzuwer-den. Es gibt auch viele stärkende Switchwords, die die Führungs-qualitäten verbessern, Mut geben und Ruhe und Zufriedenheit entstehen lassen. Wir können zwar nicht ständig glücklich sein, aber wir können steuern, wie wir mit schwierigen Gegebenheiten umgehen.

Die in diesem Buch immer wieder eingestreuten Fallbeispiele machen anschaulich, auf welche Weise Menschen mit unter-schiedlichsten Erfahrungen jeweils Switchwords eingesetzt haben, um Negatives in Positives zu verwandeln und das zu bekommen, was sie im Leben brauchen.

Wie funktionieren Switchwords?

Switchwords wirken durch Schwingungen. Das Aussprechen, Denken oder Chanten dieser kraftvollen Worte verändert die Schwingungen unseres Körpers, sodass wir auf derselben Frequenz schwingen wie unser angestrebtes Ziel. »Worte können wie Röntgenstrahlen sein, wenn wir sie richtig einsetzen – sie durchdringen alles«, meinte Aldous Huxley. Wenn wir Switchwords aussprechen, sie denken, chanten oder singen, erzeugen wir eine wohlwollende Resonanz und ziehen das an, was wir uns wünschen. Gemäß dem Gesetz der Anziehung zieht Gleiches Gleiches an. Wenn unsere Gedanken, Worte, Handlungen und Überzeugungen so werden wie das, was wir wollen, ziehen wir es wie ein Magnet an. Das Gesetz der Anziehung wurde von einer philosophischen Bewegung vertreten, die Anfang des 20. Jahrhunderts entstand, und bildete die Grundlage für den internationalen Bestseller *The Secret. Das Geheimnis* von Rhonda Byrne.

Wenn Switchwords durch Gedanken, Sprechen, Chanten oder Singen geäußert werden, entsteht eine Schwingung. Die Klangheilerin Petra Galligan bezeichnet Switchwords als »Echo« – als einen Klang, der noch nachhallt, wenn der ursprüngliche Klang bereits aufgehört hat. Das Energiemuster, das durch die Klangschwingung erzeugt wurde, besteht weiter fort, und auf diese Weise kopiert sich das Switchword selbst.

Diese Vorstellung der Nachbildung durch Klang basiert auf der von Richard Dawkins entwickelten Memtheorie. Meme implizieren einen Prozess des Nachahmens. Sie sind durch Kommunikation ähnlich den Genen weitergegebene und vervielfältigte kulturelle Bewusstseinsinhalte und werden über die Sinne von Gehirn zu Gehirn übertragen. Klangmeme wie Melodien oder Redensarten werden durch Aussprechen weitergegeben. Ein Mem kann wie ein Virus als lebender Organismus betrachtet werden, der sich durch Vervielfältigung über den Sprecher hinaus ausbreitet. Wenn wir nun davon ausgehen, dass ein Switchword eine Art Klangmem ist, folgt daraus, dass wir beim Gebrauch von Switchwords durch den Klang eine Schwingung aussenden, die über das Selbst hinaus kommuniziert wird und ein Umfeld erzeugt, das mit unserer Zielsetzung verbunden ist und für uns das gewünschte Ergebnis erzeugt.

Das Switchword KOPIERE schwingt mit der Memtheorie von Dawkins mit, denn es wird ausgesprochen, damit sich eine Schwangerschaft manifestiert – mit anderen Worten, um eine genetische Abstammungslinie fortzusetzen. Kopieren bedeutet nachbilden; das Wort KOPIERE zu wiederholen heißt, die Nachbildung von Zellen fortzusetzen.

Wenn wir Switchwords wiederholen, findet eine Veränderung im Gehirn statt. Unsere Aufmerksamkeit verlagert sich von der Wortbedeutung zum Klang des Wortes. Die Bedeutung schwindet, und wir haben nur noch die Schwingung. Dieses Phänomen nennt man »semantische Sättigung«. Hast du schon einmal bemerkt, dass ein Wort, wenn du seine Buchstaben wieder und wieder betrachtest, an Bedeutung verliert? Lass deine Augen über Worte streifen, die du auf einem Scrabble-Brett hinzugefügt hast (oder erinnere dich daran, wie du in der Schule hundertmal »Ich werde in der Klasse nicht schwatzen« untereinanderschreiben musstest): Die Worte scheinen dann zu einem Formenmuster zusammenzuschmelzen. Sie sind nur noch Formen und Klänge – Schwingungsobjekte. Aus diesem Grund spielt es auch keine Rolle, wenn man nicht versteht, warum bestimmte Begriffe wie Schalter wirken. Wir müssen keine Verbindung zwischen ihrer Semantik und ihrer Wirkung herstellen. Die Wirkung wird durch den Klang und das mit dem Wort übermittelte Gefühl erzeugt, was dann deine Energie ausrichtet, damit du dein Ziel erreichst.

Switchwords als Mantras – die Schwingung der Veränderung

Die Macht von Worten, die Realität durch Lautschwingungen umzugestalten, wird durch Mantras anschaulich (das Wort »Mantra« kommt aus dem Sanskrit, einer klangvollen Sprache, und bedeutet »Instrument des Geistes«). Wenn wir die weit gefasste Definition akzeptieren, dass ein Mantra ein melodisches Muster aus Worten ist, die wiederholt werden, um eine Bewusstseinsveränderung zu bewirken, dann können wir sagen, dass durch das Rezitieren eines Mantras eine Veränderung der Realität bewirkt werden soll.

Dies ist ein wichtiges Konzept für den Einsatz von Switchwords: Die Vorstellung, dass gesprochene Worte etwas verändern können und eine Wirkung außerhalb des Selbst haben, ist von grundlegender Bedeutung für den Glauben, dass sie funktionieren und einen bestimmten Wunsch wahr werden lassen. Sobald es ausgesprochen und als Mantra wiederholt wird, entfaltet ein Switchword seine Eigendynamik. Wie es in einem Sufi-Sprichwort heißt: »Wenn du aufhörst, dich um das Mantra zu kümmern, beginnt das Mantra, sich um dich zu kümmern.« Mit anderen Worten setzt das Mantra dein Vorhaben um, und es kommt als Erfahrung zu dir zurück. Worte, Gedanken und Überzeugungen, die absichtsvoll rezitiert werden, erzeugen Realität.

Der Sanskrit-Gelehrte Douglas Brooks erklärt: »Sanskrit erzählt uns, was die Natur uns zeigt. Eine begrenzte Anzahl von Regeln lässt eine beliebig große Zahl an Ergebnissen entstehen. So, wie die Natur ihren Aufgaben nachgeht, so geht das Sanskrit seiner

Sprache nach.« Der Hinweis »Eine begrenzte Anzahl von Regeln lässt eine beliebig große Zahl an Ergebnissen entstehen« deutet auf die Chaostheorie und auf den von dem amerikanischen Mathematiker und Meteorologen Edward Lorenz ins Spiel gebrachten Schmetterlingseffekt hin. Seine Theorie lautet stark vereinfacht, dass ein winziges Ereignis an einem bestimmten Ort auf der Welt an einem ganz anderen Ort eine größere Veränderung bewirken kann. Die durch die kaum spürbare Bewegung eines Schmetterlingsflügels erzeugte Energie kann zu einem Tornado auf der anderen Seite des Globus führen.

Ein Mantra ist Handlung und Vorhaben. Es aktiviert die Energie im Universum, das in gleicher Weise reagiert und uns zu einem Ereignis, einer Erkenntnis oder einer Erfahrung mit einer Energie führt, die größer ist als die Energie unseres ursprünglichen Vorhabens. Ein einziges wiederholtes Wort kann uns erheblich mehr einbringen als ein Echo des Wortes. Es bringt uns ein Ergebnis, das ein konkreter Ausdruck unseres Wunsches ist.

Warum 10, 28 oder 108 Wiederholungen?

Du kannst ein Switchword als Mantra verwenden, indem du es wiederholst, sooft du willst; oder du kannst dich nach den traditionellen Zahlen für das Rezitieren von Mantras richten: 10, 28 oder 108. In der vedischen Philosophie ist die Zahl 108 heilig. Es gibt 108 Upanischaden, und 108 Stufen führen nach dem hinduistischen und dem buddhistischen Glauben von der materiellen zur göttlichen Welt. Es gibt auch 108 Namen von Shiva, dem hinduistischen Gott der Zerstörung, und 108 Bände des Kanjur (»Übersetzung des Wortes«), des heiligen tibetischen Textes, der laut Überlieferung die ursprünglichen Lehrreden Buddhas enthält.

Die Gepflogenheit, Mantras (unter anderem) 108- oder 28-mal zu rezitieren, kann auch aus dem heiligen Gayatri-Mantra abgeleitet sein, das einen Vers des um 1500 bis 1200 v. Chr. entstandenen Rigveda enthält. Das Gayatri-Mantra wird meist 10-, 18-, 28-, 108- oder 1000-mal wiederholt, um der spirituellen Entwicklung des Rezitierenden zu dienen und ihm herbeizubringen, was er in seinem Leben haben möchte. Mariasusai Dhavamony erklärt in seinem Buch *Classical Hinduism*, das Gayatri-Mantra »dient nicht nur dem Zweck, den Geist auf das göttliche Objekt zu konzentrieren, sondern lässt dem Rezitierenden auch die ›mystische‹ Kraft und die Erfüllung seiner Wünsche zuteilwerden«.

Warum Switchwords zum Erfolg führen, wo Affirmationen möglicherweise scheitern

Der Unterschied zwischen dem Einsatz von Switchwords und Affirmationen besteht darin, an welche Teile des Gehirns sie sich richten. Switchwords wirken über die Seele und das Gefühl, wodurch eine Schwingung erzeugt wird, die das Unbewusste anspricht. Affirmationen wirken über die Semantik, also über die Bedeutung der Worte, die direkt auf das Bewusstsein einwirkt. Bei Affirmationen werden Worte verwendet, die unserem Ziel genau entsprechen (zum Beispiel »Ich bin stark« oder »Ich bin erfolgreich«), während Switchwords über das Bewusstsein hinausreichen, um an den Teil zu kommen, an den Affirmationen nicht gelangen.

Glaubt unser Unbewusstes wirklich gleich: »Ich bin stark, ich bin erfolgreich«? Häufig widerspricht ein Teil von uns der Affirmation – die ironische »Na-klar-doch«-Stimme in uns, die erst noch davon überzeugt werden muss, dass wir irgendetwas anderes sein könnten, als wir sind. Zudem gibt es einen wissenschaftlichen Grund, warum unsere positiven, bewussten Affirmationen oft nicht durchdringen. Mark Waldman und Andrew Newberg erklärten: »Das Gehirn reagiert kaum auf unsere positiven Worte und Gedanken. Sie stellen keine Bedrohung für unser Überleben dar, darum muss das Gehirn nicht so schnell darauf reagieren wie auf negative Gedanken und Worte.«

Der Teil des Gehirns, der auf eine lebensgefährliche Bedrohung reagiert (im »Angriff-oder-Flucht«-Modus), ist die Amygdala, die eine Rolle bei der unbewussten Erinnerung spielt. Vielleicht ist die Amygdala, der alte, reptilische Teil des Gehirns, bei der Reaktion auf Switchwords beteiligt, die zu einer Abschwächung oder Tilgung negativer Erinnerungen führt, die unsere Handlungen und Entscheidungen lenken können. Wenn wir unsere Lebensziele zu verwirklichen versuchen, während gleichzeitig alte, unbewusst wirkende Erinnerungen und Überzeugungen unserer bewussten Bereitschaft entgegenstehen, dann ist es wahrscheinlich, dass sich unsere Wünsche nicht erfüllen. Switchwords richten sowohl unser Bewusstsein als auch unser Unbewusstes auf unsere Ziele aus, sodass wir Wünsche verwirklichen können. Aus diesem Grund ist, wie später noch ausgeführt wird, ZUSAMMEN das Meister-Switchword, weil es uns perfekt in uns selbst ausrichtet und uns in Übereinstimmung mit dem Universum bringt.

Weil Switchwords nicht buchstäblich zu verstehen sind, schlüpfen sie unter dem Radar des Bewusstseins durch, ohne ihre Absicht zu verraten. Dadurch kann das Bewusstsein nicht eingreifen, indem es ihren Fluss infrage stellt, analysiert oder unterbricht. Es kann den Energiefluss nicht hemmen oder unsere Fähigkeit blockieren, Dinge zu verwirklichen. Beispielsweise hat die Affirmation »Ich unternehme etwas Positives« nur ihre wörtliche Bedeutung. Das universelle Switchword mit der gleichen Wirkung lautet: JETZT.

Nehmen wir das Switchword ERDULDEN. Es bedeutet, Wohlstand zu managen. Das Switchword ERDULDEN wirkt also ganz anders als eine entsprechende Affirmation. (Eine auf Wohlstand gerichtete Affirmation würde etwa lauten: »Mein Leben ist voller Überfluss.«) Das heißt nicht, dass du nicht weiter deine positiven Affirmationen verwenden kannst, wenn du das Bedürfnis dazu hast. Sie können sehr hilfreich sein, wenn du in belastenden Situationen deine Integrität stärken willst. Aber nach meiner Erfahrung wirken Switchwords schneller und tief gehender.

Switchwords scheinen also mehr mit Mantras als mit positiven Affirmationen gemein zu haben. Da Switchwords über Schwingungen statt über ihre buchstäbliche Bedeutung wirken, haben sie die gleiche Funktion wie Mantras. Die ersten Mantras wurden entsprechend ihrem Klang zusammengestellt und wurzelten in der Ursilbe »OM«, dem Pranava, was so viel heißt wie »heiliger Klang« oder »Brummen«. Eine Affirmation kann einen Klang oder einen Schwingungsaspekt enthalten, etwa als Reim, Gleichklang oder Alliteration (etwa »Besser sein als andere belohnt die Besten« oder »Was man bekriegt, siegt«). Doch diese Wirkungen sind oft nachrangig und dienen lediglich als Gedächtnisstütze.

Um es noch einmal zu sagen: Bei Switchwords müssen wir nicht die Worte verstehen, sie kennen oder einen persönlichen Bezug zu ihnen haben, damit sie wirken. Sie wirken über die durch den Klang erzeugte Schwingung statt als Anker bewusster Kenntnis. Der niederländische Philosoph Frits Staal (1930–2012), der nicht glaubte, dass die Worte, aus denen sich die Mantras zusammensetzen, eine sonderliche buchstäbliche Bedeutung haben, verglich Mantras mit dem Gesang der Vögel. Obwohl wir vielleicht die

Sprache, in der sie abgefasst sind, nicht verstehen, würdigen wir sie als eine Form der Kommunikation durch den Klang.

Ob du's glaubst oder nicht – Switchwords funktionieren

Wenn du der Überzeugung bist, dass deine Switchwords wirken und dein Wunsch erfüllt wird, entsteht Energie für die Manifestation deiner Wünsche. Aber diese erstaunlichen Worte scheinen selbst dann zu funktionieren, wenn dein Glaube gering ist. Hier ein Beispiel:

Am Morgen nachdem ich meine regelmäßige Switchword-E-Mail an meine Gruppe verschickt hatte, bekam ich postwendend Antwort von zwei Empfängern. Sie hatten genau dieselbe Geldsumme gewonnen, nachdem sie die Switchword-Sätze FINDE-GÖTTLICHE-SICHERHEIT und ELOHIM-GÖTTLICH rezitiert hatten, die zum Ersten Mal in meiner E-Mail standen. Die Antwort von Jon, einem Lehrer, der eher von Neugier als von Faszination getrieben war, traf als Erste in meinem Posteingang ein. Ich hatte ihn mit in meine Mailingliste aufgenommen, weil er ein Freund ist und ich wusste, dass er etwas mehr Geld gut gebrauchen konnte. Er schrieb: »Ich hab's auf ziemlich zynische Weise gemacht [FINDE-GÖTTLICHE-SICHERHEIT] und habe heute ein Anleiheagio von 25 Pfund ausgezahlt bekommen!« Er arbeitet jetzt mit ERREICHEN, um ein seit Langem verschollenes Buch wiederzufinden.

Als Nächste kam Rhondas E-Mail. Rhonda ist eine verwandte Seele, die fest an Engel und Manifestationen glaubt. Sie hatte ELOHIM-GÖTTLICH als ihre Switchword-Formel gewählt, die Gott oder das Universum um ein Wunder bittet. Sie litt seit Monaten unter Geldsorgen und schrieb: »Liz, gestern habe ich 25 Pfund im Lotto gewonnen! Das ist bisher mein größter Gewinn. Vor zwei Monaten habe ich angefangen zu spielen. Glaubst du, dass das Switchword schon wirkt? Gestern Abend habe ich es 28-mal wiederholt. Ich bin gerade im Zug zur Arbeit und komme mir sehr reich vor!«

Vielleicht hat Jon ja seine lockere Haltung zu dem Ergebnis verholfen. Er war bereit, offen zu sein und es zu versuchen, und er bekam als Ergebnis eine kleine Belohnung. Und möglicherweise hat Rhonda ihr fester Glaube geholfen. Sie hat sich ganz ihrer Switchword-Anwendung hingegeben, und es sollte sich lohnen. Aber was auch immer der Grund gewesen sein mag, es spielt keine Rolle. Die beiden sehr unterschiedlichen Menschen haben genau das gleiche Ergebnis erzielt, nachdem sie ihre Switchwords rezitiert haben, und das Universum hat unabhängig von der Intensität ihres Glaubens geantwortet. Alles, was du brauchst, ist der Glaube, dass es sich lohnt, es einmal zu versuchen; das Universum kümmert sich dann um alles Weitere. Was kannst du dabei schon verlieren?

Ellen, die Jons Lager der Skeptiker zuzurechnen ist, erzählte mir ihre Geschichte: »Ich habe nach einem Gartenbuch gesucht und alles durchforstet. Dann hat mich deine E-Mail erreicht, und ich verwendete ERREICHEN, um es zu finden (auch wenn ich skeptisch war). Ich habe eine Zeitgrenze für jenen Tag gesetzt, und nachdem es nicht auftauchte, fühlte ich mich in meiner Skepsis bestätigt. Als ich jedoch am nächsten Tag an einem Bücherregal vorbeiging, das ich bereits abgesucht hatte, lag es dort plötzlich. Ich versuchte das Gleiche mit einer Fahrradpumpe, die ich verlegt hatte, und fand sie fast sofort. Die Skepsis wurde besiegt (zunächst einmal!).«

Eine positive Erfolgsbilanz stärkt den Glauben (je mehr Erfolg wir haben, desto mehr vertrauen wir auf den Prozess). Die Forschung legt auch nahe, dass allein schon Vertrautheit positive Gedanken erzeugt. Selbst wenn wir nur in der Lage sind, die Grundüberzeugung zu haben, dass Switchwords einen Versuch wert sind – aber nicht unbedingt glauben, dass sie tatsächlich funktionieren –, entwickeln wir als Nebeneffekt Glauben. Dieses Phänomen ist als »Expositionseffekt« bekannt. Wir denken positiv über Dinge, die wir zuvor gesehen oder von denen wir gehört oder die wir über andere Sinne erfahren haben. Dies trifft natürlich auf die Werbung zu (weshalb wir dort auch mit Wiederholungen bombardiert werden) und auf die Musik. Ein Refrain oder Chor veranlasst ein Entzücken des Gehirns. Der durch die Wiederholung erzeugte Expositionseffekt bewirkt, dass wir zu mögen beginnen, womit wir vertraut sind. Dies ist ein Teil des Glaubensfaktors bei den Switchwords. Je vertrauter wir mit den Switchwords werden, die wir ausgewählt haben, desto stärker erzeugen wir einen inneren Glauben an ihre Wirksamkeit, ob wir uns dessen nun bewusst sind oder nicht.

 **Tipp:** *Verwende das Wort BEHÜTEN, damit du dich an die Teile in diesem Buch erinnerst, die für dich wichtig sind.*

Das Switchword, das dabei hilft, Informationen zu speichern, ist BEHÜTEN. Du kannst es mit der »Speichern«-Funktion eines Computers vergleichen. BEHÜTEN hilft dir dabei, Informationen zu sammeln, um sie später wieder abrufen zu können. Denke oder chante immer, wenn du die Lektüre dieses Buchs unterbrichst, das Switchword BEHÜTEN, damit es dir hilft, die Informationen zu speichern, die du brauchst. Wenn du dich später an ein Switchword oder irgendeinen Teil dieses Buches erinnern möchtest, verwende das Switchword, das dich etwas finden lässt: ERREICHEN. Es findet alles wieder auf, was du benötigst, und zwar genau dann, wenn du es brauchst.

Bist du bereit für den nächsten Schritt?

Kapitel 1

Die Arbeit mit Switchwords

Die Wege zum Erfolg frei machen

Das Unbewusste beherbergt jenen Aspekt unseres höheren Selbst, unseres Überbewusstseins, den man sich als Leitprinzip vorstellen kann, das das Beste für uns in diesem Leben will. Es zieht die weisen Lektionen an, die wir lernen müssen, und ermuntert uns, eher von einem Ort der Liebe als der Angst aus zu handeln. Wenn wir Switchwords verwenden, schalten wir das Unbewusste und das höhere Selbst ein, damit sie uns das herbeibringen, was wir wirklich brauchen (und nicht das, was wir nach Meinung unseres Egos haben sollten, das sich über das Bewusstsein ausdrückt).

Das Unbewusste umfasst Gedanken, Eindrücke und Überzeugungen, deren sich das Bewusstsein nicht gewahr ist. Diese verborgenen Einstellungen haben eine starke Auswirkung auf unser Leben sowohl in positiver als auch in negativer Weise. Sie beeinflussen, ob wir ein Ziel erreichen oder scheitern, schwanken oder zögern, Risiken eingehen und Probleme anpacken. Dein Unbewusstes kann dein größter Verbündeter beim Erbringen von Leistungen sein. Es reagiert auf die Energie der Gedanken und Gefühle in dir, um externe Einflüsse anzuziehen, die dieselbe Schwingung aufweisen: Gleiches zieht Gleiches an. Dies ist die Basis von Manifestationen: der Glaube, dass wir die Realität ändern können, indem wir unsere Gedanken ändern.

Während wir uns also sagen, was wir gern erreichen würden, nehmen wir an, dass unser Unbewusstes den Befehl hört, ihn versteht, an unsere Mission glaubt und vollkommen mit allem einverstanden ist. Wir nehmen an, dass unsere Überzeugungen, Handlungen und Worte mit dem Ziel übereinstimmen, das wir gern erreichen würden. Wir glauben, dass wir innerlich eine Einheit bilden, eine perfekte Verbindung von Bewusstsein und unbewusstem Selbst, ganz und gar darauf eingestellt, alles geschehen zu lassen, was wir wollen.

Die Erfahrung zeigt uns jedoch, dass es nicht immer so ist. Oft sind wir bestürzt über unser Unvermögen, eine Aufgabe vollständig auszuführen oder eine substanzielle Veränderung in unserem Leben vorzunehmen. Wenn unser Unbewusstes unsere bewussten Wünsche durch bestimmte Aktionen oder durch Untätigkeit zu ignorieren oder sogar zu sabotieren scheint, ist es praktisch unmöglich, die neue angestrebte Realität zu erschaffen und zu erhalten – ob es sich dabei nun darum handelt, mehr Geld zu verdienen oder ein neues Unternehmen aufzubauen, unsere Zeit besser zu nutzen, mit Ängsten und Sorgen umzugehen oder schlechte Angewohnheiten abzulegen.

Wenn wir mehr Geld brauchen, können wir uns bewusst bestätigen: »Ich bin vermögend, ich lebe im Überfluss.« Wir können diese Affirmation täglich wiederholen und sie oft sprechen, während wir uns in einem Spiegel ansehen und uns vorstellen, wie wir uns fühlen würden, wenn wir reich und erfolgreich wären. Aber was, wenn unsere tiefer liegende Überzeugung im Widerspruch zu dieser Affirmation steht? Was, wenn wir auf irgendeiner Ebene glauben, dass wir kein Geld verdient haben – oder keins wollen? Hier ein Beispiel:

Liams Geld

Liam verlor seinen Vater, als er 26 Jahre alt war. Die beiden standen einander sehr nahe. Seine Mutter hatte er bereits im Alter von fünf Jahren verloren, und Liam war nun über den Verlust seines anderen Elternteils am Boden zerstört. Die Einnahmen aus dem Verkauf des Hauses seines Vaters wurden zwischen ihm und seinem Bruder Patrick aufgeteilt. Da Liam nicht vermögend war – er bezog nur ein bescheidenes Gehalt –, nahm er bereitwillig seinen Anteil an der Verkaufssumme des Hauses an.

Aber dann passierte Folgendes: Liam gab sofort 35 000 Pfund für verschiedene Renovierungsarbeiten aus. Er und seine Frau Sarah hatten bereits achtzehn Monate lang vergeblich versucht, ihr Haus in einer Flautephase am Immobilienmarkt zu verkaufen, und Liam glaubte, durch diese Maßnahmen würde das Haus für Käufer attraktiver werden. Er investierte weit mehr, als sie hätten ausgeben müssen, aber er bestand darauf, auch wenn Sarah fragte: »Warum sollen wir so viel Geld für ein Haus ausgeben, aus dem wir ausziehen werden?«

Dann musste eine Freundin und Arbeitskollegin von Liam eine Herzoperation durchführen lassen. Sie sollte acht Monate lang darauf warten, doch Liam bot ihr 9000 Pfund an, damit sie sich innerhalb von wenigen Wochen operieren lassen konnte. Ein anderer Freund leitete eine Wohltätigkeitsorganisation, die sich um an Brustkrebs Erkrankte kümmerte. Liam spendete 5000 Pfund. Er gab außerdem 10 000 Pfund für ein besseres Auto aus, das er aber schon innerhalb von drei Monaten wieder verkaufte, weil er mit der Lenkung nicht klarkam.

Und damit war das ganze geerbte Geld weg. Als sie ihr Haus schließlich verkaufen konnten, betrug der erzielte Preisaufschlag nur einen Bruchteil dessen, was Liam in die Renovierung investiert hatte.

Im Rückblick auf diese Phase seines Lebens gestand er: »Wie hätte ich das Geld für mich selbst ausgeben können? Es war Dads Geld … Irgendwie hatte ich das Gefühl, dass es nicht recht war.«

Sarah fügte hinzu: »Für ihn war das Geld belastet, sodass er keine Freude daran fand. Vielleicht hatte er das Gefühl, dass es sich gehörte, emotional und finanziell zu leiden, statt davon zu profitieren. Darum gab er es letztlich weg.«

Liams Trauer um seinen Vater kam durch den Umgang mit Geld zum Ausdruck: Er sorgte sozusagen dafür, dass er es so schnell wie möglich wieder loswurde und nichts kaufte, womit er langfristig leben würde: Ein unbewusstes Geldprogramm bestimmte den Ablauf der Dinge, nicht sein Bewusstsein, dem rein rational klar war, dass das Geld in erster Linie dafür ausgegeben werden sollte, ihm und seiner Familie zu helfen (wobei Spenden einen zweitrangigen Stellenwert hatten). Sein Bewusstsein sagte ihm, er solle sich entscheiden, sein Erbe in diesem Sinne einzusetzen. Aber seine wahren Überzeugungen über die Bedeutung von ererbtem Geld zeigten sich in seinen tatsächlichen Handlungen. Er traf die Entscheidungen darüber, wie das Geld ausgegeben werden sollte, von einem Ort außerhalb seines direkten Bewusstseins aus.

Wie also konnten Liams Handlungen seine bewusste Entscheidung, das Geld nicht auf die Weise auszugeben, wie er es tat, einfach missachten und lossprechen? Eine Erklärung liegt in Folgendem:

Das Timing des Unbewussten
ist unfehlbar

Ein Aspekt, durch den das unbewusste Verhalten angetrieben wird, ist das Timing. Es gibt ein Wettrennen zwischen dem unbewussten Drang und der bewussten Reaktion. Nehmen wir einmal an, dass du dein Nutzerverhalten bei eBay deutlich ändern willst. Das Rumstöbern und Kaufen ist zu einer Art Sucht geworden. Du weißt, dass du zu viel Zeit und Geld investierst, und dennoch treibt es dich auf die Website, nachdem dich eine E-Mail zu Facebook geführt hat, was irgendwie den Gedanken in dir hat aufsteigen lassen, dass du eigentlich noch einmal ganz kurz bei eBay vorbeischauen könntest. Noch ist nichts passiert. Dein Bewusstsein registriert, dass du gerade dabei bist, gegen deine eigene Regel zu verstoßen. Aber du befindest dich in der erregenden Gefahrenzone und wirst von deinem alten unbewussten Drang gesteuert. Also klickst du und kaufst (schließlich passiert es bereits, daher ist es ohnehin zu spät …).

Der Grund, warum die Hand zur Maus greift, bevor das Bewusstsein wirkungsvoll einschreiten kann, mag in dem liegen, was die Neurowissenschaftlerin Heather A. Berlin erklärt: »Jüngste Darstellungen sowie psychophysische und neuropsychologische Erkenntnisse deuten darauf hin, dass unbewusste Prozesse Hunderte von Millisekunden vor einer bewussten Wahrnehmung ablaufen können.« Ist dies vielleicht der neurologische Grund, warum sich unser Unbewusstes durchsetzt und immer schon einen Schritt weiter ist? Das kann eine gute Nachricht sein, wenn wir über »Selbstzusammengehörigkeit« und Selbstwahrnehmung verfügen, also über das Wissen, dass das schlaue Unbewusste handelt und die Sache erledigt, bevor wir das Ganze zu analysieren beginnen. Aber wenn wir in negativen, tief in unserem Unbewussten verwurzelten Gewohnheiten gefangen sind, gewinnt das Unbewusste wieder und sabotiert unser Ziel.

Liams unbewusstes Verhaltensmuster wird auch durch Untersuchungen erhellt, die von unterschiedlichen kognitiven Neurowissenschaftlern durchgeführt wurden. Studien legen den Schluss nahe, dass das Bewusstsein nur während fünf Prozent der Zeit die Kontrolle innehat, während die Programme des Unbewussten 95 und mehr Prozent unserer Erfahrungen beeinflussen. Eine verblüffende Statistik. Es ist also tatsächlich so, dass wir die meiste Zeit von unbewussten Programmen gesteuert werden. Das ist völlig in Ordnung, wenn unsere Programmierung positiv ist. Falls dies aber nicht zutrifft – und kaum jemand von uns hat eine überwiegend positive »Programmierung« –, kann dies in Scheitern und Frustration münden. Ähnlich wie Freud, der glaubte, dass wir durch unsere unbewusste Strukturierung angetrieben werden, erklärt der Biologe Bruce Lipton in seinem Buch *Intelligente Zellen. Wie Erfahrungen unsere Gene steuern*: »Wir bemerken überhaupt nicht, dass unser Unbewusstes unsere täglichen Entscheidungen fällt. Unser Leben ist im Wesentlichen ein Ausdruck unserer unbewussten Programme – Verhaltensweisen, die wir im Wesentlichen von anderen (unseren Eltern, der Familie und der Gemeinschaft) übernommen haben, bevor wir sechs Jahre alt waren. Wie die Psychologen erkannt haben, beschneidet uns die Mehrheit dieser Entwicklungsprogramme und entmachtet uns.«

Weil Switchwords das Unbewusste direkt ansprechen und wir uns mit ihnen eines Wissens um die Macht des Unbewussten bedienen, unsere Handlungen zu steuern (und über unser Bewusstsein zu siegen), können wir unser Unbewusstes durch Switchwords in einen Freund statt in einen Feind verwandeln, den wir niederringen müssen: Die Sprache der Switchwords kommuniziert mit dem Teil von uns, der den größten Einfluss auf unsere Handlungen, Entscheidungen und Einstellungen hat.

Was das Unbewusste nachts lernt

Den neuesten Forschungsergebnissen der Northwestern University in Chicago zufolge könnte Schlaf der Schlüssel für eine Neuprogrammierung unbewusster Einstellungen sein. »Obwohl die Tendenz, rassistischen oder sexistischen Einstellungen beizupflichten, in den vergangenen Jahren deutlich abgenommen hat, können gesellschaftliche Vorurteile das Verhalten von Menschen indirekt oder unbewusst beeinflussen, ungeachtet ihrer Absichten oder Anstrengungen, Vorurteile zu meiden«, schreiben Gordon B. Feld und Jan Born in ihrem Bericht »Indirekte gesellschaftliche Vorurteile im Schlaf ablegen«.

In einer Studie prüfte das Team Vorurteile gegenüber Geschlecht und Rasse. Sie präsentierten zwei Vorurteile: Das Erste bestand darin, dass Wissenschaft eher mit Männern als mit Frauen zu assoziieren ist; das Zweite darin, dass ein schwarzes Gesicht eher mit unflätigen Wörtern in Zusammenhang gebracht wird als ein weißes.

Einer Gruppe aus 40 weißen Männern und Frauen wurden Bilder von Frauen und wissenschaftsbezogene Begriffe wie »Mathematik«, »Geometrie« oder »Physik« gezeigt. Dazu die Forscherin Jessica Creery: »Wir brachten die Probanden dazu, Frauen stark mit wissenschaftlichen Wörtern zu assoziieren. Jedes Mal, wenn sie eine Frau sahen, die zusammen mit einem wissenschaftliche Wort gezeigt wurde, mussten sie einen Knopf drücken; und jedes Mal, wenn sie den Knopf richtig und schnell gedrückt hatten, hörten sie einen sehr ungewöhnlichen Ton.« (Drückten sie den Knopf nicht, hörten sie keinen Ton.) Dann ging es erneut um die Gegen-Vorurteile, diesmal um den Zusammenhang zwischen schwarzen Gesichtern und positiven Wörtern. Wenn sie schnell den Knopf drückten, hörten die Probanden einen anderen deutlichen Ton. Während die Probanden tief schliefen, wurde ihnen einer der Töne (für Frauen und Wissenschaft oder für schwarze Gesichter und positive Wörter) leise vorgespielt, um sie nicht zu stören. Als sie erwachten, bekamen sie beide Töne zu hören, und dann testete man sie erneut. Die Ergebnisse zeigten, dass sie bei dem Ton, der ihnen während des Schlafs vorgespielt worden war, weniger Vorurteile hatten. Das veranlasste die Forscher laut Jessica Creery zu dem Schluss, dass »Verbindungen, die man im Wachzustand lernt, verstärkt werden, wenn man schläft«.

Wie die Wissenschaftler feststellten, ist es schwierig herauszufinden, wie lange die Wirkung des Schlaftrainings zur Entwicklung von Gegen-Vorurteilen dauern kann, beispielsweise infolge der Verstärkung von Stereotypen durch die Medien. Diese Studie zeigte dennoch, dass es möglich ist, gesellschaftliche Vorurteile umzuprogrammieren, die sich im Unbewussten verbergen. Und sie machte deutlich, dass Schlaf – ein unbewusster Zustand – den Schlüssel für dieses Umlernen bildet.

In ihrem Bericht erklären die Autoren, wie dies geschieht: »Während des Schlafs können Informationen, die kürzlich im Gehirn abgespeichert wurden, durch einen als Konsolidierung auf Systemebene bekannten Prozess mit anderen Informationen so verflochten und transformiert werden, dass stabile Darstellungszusammenhänge entstehen. Es wird angenommen, dass zu den Mechanismen dieser Transformation eine wiederholte Reaktivierung von Informationen gehört, vor allem während des Schlafs, was zu einer nachfolgenden Verbesserung der Gedächtnisleistung nach dem Aufwachen führt.«

So wie der Klang im Experiment als Auslöseimpuls eingesetzt wurde, um während des Schlafs eine Erinnerung im Gedächtnis zu verankern und eine Verknüpfung auf einer unbewussten Ebene zu verstärken, haben meiner Überzeugung nach Switchwords als Klangschwingungen, die dem Unbewussten etwas mitteilen, eine ähnliche Wirkung, denn sie verstärken neue, positive Verknüpfungen und verringern eine Neigung zu unerwünschten Überzeugungen. Feld und Born weisen auch darauf hin, dass »neue Schlafmanipulationen angewendet werden können, um den Menschen dabei zu helfen, verschiedene maladaptive Angewohnheiten wie Rauchen, ungesundes Essverhalten, Schwarzmalerei oder Egoismus zu verändern«.

Innere Konflikte erkennen und mit Blockadehaltungen sinnvoll umgehen

Blockaden sind folgerichtig. Sie dienen einem Zweck. Sie sind nicht von vornherein schlecht, einschränkend oder entmachtend. Häufig treten sie auf, um uns vor einem Gefühl zu schützen, das mit einer Erinnerung verbunden ist, die wir nicht wieder aufgreifen wollen. Wenn Blockaden jedoch nicht nur gegen die Vergangenheit, sondern auch gegen die Zukunft errichtet werden, sollten wir herausfinden, warum sie entstehen, und die Denkmuster freisetzen, die sie erschaffen.

Im Allgemeinen sind unsere Blockaden unserem Bewusstsein verborgen und befinden sich in unserer unbewussten Datenbank. Da das Unbewusste so viel von unserem täglichen Verhalten steuert, stoßen wir oft auf innere Konflikte, wenn wir positive Veränderungen in unserem Leben durchsetzen wollen. Dieses Ringen ist ein Zeichen dafür, dass wir uns verändern wollen.

Befindest du dich in einem Konflikt?

Da das Unbewusste mächtig ist, braucht man eine machtvolle Motivation, um alte Überzeugungen zu verändern und auszuräumen. Wir müssen diese Motivation in einer anderen Sprache übermitteln und Worte benutzen, die für das Bewusstsein nicht immer einen Sinn ergeben. Wie die im Folgenden beschriebene Erfahrung von Colette zeigt (die möglicherweise viele anspricht, die mit ungesunden Angewohnheiten brechen wollen), bleiben unsere Bemühungen ohne die Zustimmung unseres Unbewussten zu unseren Plänen halbherzig. Und wenn man in einem Kreislauf aus inneren Konflikten feststeckt, führt dies zu Frustration und sogar zu Verzweiflung. Das hat dann zur Konsequenz, dass die eigenen Anstrengungen kurzlebig sind – schließlich ist es auf Dauer ziemlich unbehaglich, mit sich selbst im Konflikt zu stehen. Also gibt man seine Diät, ein neues Projekt oder eine angestrebte neue Arbeitsstelle auf, was die belastenden Gefühle vorübergehend lindert. Aber den eigenen Zielen bringt das niemanden näher.

Colettes Geschichte: Die Vergangenheit richtig einordnen

Colette hatte zehn Kilo Übergewicht und gab zu, dass sie ihre Diät nach rund zwei Wochen aufgab – genau in dem Moment, in dem sie sich besser zu fühlen und besser auszusehen begann. Sie berichtete: »Manchmal hasste ich mich richtig, weil ich so etwas machte – Schokolade in mich reinstopfen und mich aufgeben –, aber ich tat es trotzdem.«

Als Teenager und mit Anfang zwanzig war Colette schlank gewesen. Sie hatte eine tolle Figur gehabt (»Ich hatte eine schlanke

Taille und dicke Möpse«) und war daher bei den Männern auf großes Interesse gestoßen. Sie war mit vielen Jungs ausgegangen und gestand, dass ihr mit achtzehn »ein gewisser Ruf« vorauseilt sei. »Ich habe nicht die Hälfte der sexuellen Aktivitäten entwickelt, die man mir andichtete, aber irgendwie schien allein mein Körper schon alles zu sagen.«

Als sie dann ihren Partner John kennenlernte, nahm sie zu. Nach dem ersten Versuch, mit einem vernünftigen langfristigen Diätplan abzunehmen, organisierte sie einen Abend mit Freunden in einer Bar. »John war an jenem Abend fort, und ich freute mich darauf auszugehen. Ich hatte sehr viel an Gewicht verloren und mir ein paar neue Klamotten gekauft. Als ich in die Bar ging, sah ich seit Jahren wieder besser aus. Plötzlich ruhten die Blicke auf mir. Und ich genoss es. Zum ersten Mal seit Langem weckte ich bei den Männern wieder Interesse.« Aber im Lauf der nächsten drei Monate aß Colette wieder erheblich mehr, und ihre Fettpolster kamen zurück.

»Ich begriff allmählich, dass mich das Fett vor einem Teil meiner selbst beschützte, dem ich nicht traute«, erklärt sie. »Ich wollte mit John zusammen sein, aber wenn ich schlank war, machte mich das sofort wieder zum Teenager – und damals hatte ich Probleme damit, auf Annäherungsversuche ablehnend zu reagieren.« Colettes Gewichtszunahme war in gewisser Weise folgerichtig. Sie diente einem Ziel und hielt Gefühle der Scham und der Schuld von ihr fern. Aber langsam ließen ihre steigenden Pfunde ihr Vertrauen schwinden, dass sie ihr Gewicht und ihr Leben im Griff haben konnte.

Sie chantete die Switchwords VERGEBEN und WIEDERHERSTELLEN. Außerdem arbeitete sie daran, sich selbst mehr zu mögen und darauf zu vertrauen, dass sie sich bei jedem Gewicht gut fühlen wird, das sie sich auswählt.

Konflikte erkennen

Du weißt, dass du dich in einem bewusst-unbewussten Konflikt befindest, wenn du negative Selbstgespräche führst. Du bist frustriert, irritiert und selbstkritisch und projizierst dies alles auf andere, die wegen ihres Erfolgs dafür sorgen, dass du dich schlecht fühlst. Und dann bist du noch mehr über dich selbst verärgert, weil du negativ über andere denkst, obwohl du weißt, dass du ihnen eigentlich eher Beifall spenden solltest. Auf diese Weise dreht sich der Kreis weiter.

Am einfachsten ist es, wenn du ehrlich prüfst, ob deine Handlungen deinen Zielen entsprechen. Bist du die meiste Zeit aktiv tätig, widmest du dich einem Ziel und setzt um, was zu tun du versprichst?

Ein zentraler Indikator für einen inneren Konflikt ist die »Aufschieberitis« oder Prokrastination. Wenn wir Dinge auf die lange Bank schieben, unschlüssig sind und es uns widerstrebt, etwas Bestimmtes zu unternehmen, ist es wahrscheinlich, dass wir uns nicht nur vor der Aufgabe drücken, sondern auch den Gefühlen ausweichen, mit denen wir durch die Aufgabe konfrontiert werden. Wenn wir das Buch zu lesen beginnen, den Rasen mähen, die Stelle ablehnen, wird das dann zu etwas führen, womit wir nichts zu tun haben wollen – zum Scheitern, zur Reue oder auch einfach nur zur Freudlosigkeit?

Das Hinauszögern bewahrt uns vor Gefühlen, die wir nicht empfinden wollen, aber es sorgt auch dafür, dass wir feststecken. Je mehr wir etwas auf die lange Bank schieben, desto stärker wird die Erfahrung des Prokrastinierens als neuronale Bahn im Gehirn aufgebaut (von den alten Erfahrungen, die eventuell zu diesem Verhalten führen, gar nicht erst zu reden). Dies geschieht, weil unsere gelebten Erfahrungen unsere Nervenzellen oder Neuronen im Gehirn dazu veranlassen, sich miteinander zu verbinden und zu wachsen. Oder wie es nach der sogenannten hebbschen Regel heißt: »Neuronen, die miteinander feuern, vernetzen sich.« Das Hinauszögern wird zur Angewohnheit, und je häufiger man es macht, desto vertrauter wird es, wie das bei allen Angewohnheiten der Fall ist. Der neuronale Pfad wird zur Landstraße und dann zur Autobahn, die von Vermeidungsgedanken frequentiert wird. Dadurch wird das Aufschieben zu einer reflexartigen Reaktion, sobald man mit einer Entscheidung konfrontiert wird. Das blockiert unsere Zuversicht und durchtränkt uns mit einem Mangel an Selbstvertrauen. Als Folge können wir uns nicht auf uns selbst verlassen, wenn wir das müssen.

 Tipp: *Befrei dich aus deinem inneren Konflikt und richte dich auf dein Ziel aus*

Hier sind zwei Switchword-Paare, die dir dabei helfen, die Blockade von inneren Konflikten zu erkennen: LOSLAS-SEN-WIDERSTAND und ZUSAMMEN-VERÄNDERUNG. Sag zunächst einmal LOSLASSEN-WIDERSTAND. Wie fühlst du dich? Was geht in deinem Körper vor? Hast du geseufzt und ein Gefühl der Erleichterung verspürt? Jetzt sprich: ZUSAMMEN-VERÄNDERUNG, wobei ZUSAMMEN das Meister-Switchword ist, das dein Bewusstsein und dein Unbewusstes zu einer Einheit verbindet. VERÄNDERUNG entfernt alles, was du nicht willst oder brauchst (einschließlich Angst, Leid und negativer Gedanken). Versuch es auch mit dem weiter unten beschriebenen Fingermuskeltest, um herauszufinden, welches Switchword-Paar für dich die stärkste Schwingung erzeugt.

Konflikte bei anderen sehen – Julie und Lorna

Bei anderen können wir Konflikte oft leichter erkennen als bei uns selbst. Julie plante ihre Hochzeit. Seit Kindheitstagen war sie eng mit Lorna befreundet. Sie hatten häufig über jenen fernen Tag gespottet, an dem eine von ihnen heiraten würde, und sich darüber unterhalten, wie sie jeweils die Junggesellinnenabschiedsparty der anderen gestalten würden. Lorna war Single, und Julie heiratete nun mit 32.

Lorna rief Julie weniger oft an als sonst, aber sie schien das Richtige zu sagen, wenn sie miteinander sprachen, auch wenn es kurz war – wie glücklich sie für ihre Freundin sei und was für eine großartige Hochzeit es werden würde. Aber jedes Mal, wenn Julie Lorna um Hilfe oder auch nur um ihre Meinung darüber bat, wohin man am besten für die Junggesellinnenabschiedsparty gehen sollte, wechselte Lorna das Thema. In Wirklichkeit tat Lorna nichts, um die Party vorzubereiten. Und ein paar Tage vorher schob sie eine fadenscheinige Entschuldigung vor, warum sie angeblich nicht teilnehmen konnte. Lorna tat genau das Gegenteil von dem, was sie sagte. Julie war durch diese widersprüchlichen Botschaften irritiert.

Ein Teil von Lorna war erzürnt darüber, dass Julie heiratete, was sich an ihren Ausweichtaktiken zeigte. Der andere Teil von ihr, den sie in Worten zum Ausdruck brachte, war der annehmbare Teil, der helfen wollte. Lorna befand sich im Konflikt mit sich selbst und war unfähig, all ihre Gefühle hinsichtlich der Hochzeit ihrer besten Freundin in Einklang miteinander zu bringen – und das wurde an ihrem Verhalten sichtbar. Julies andere Freunde konnten Lornas Dilemma deutlich erkennen; Lorna war dazu nicht in der Lage. Sie dachte, sie habe ihre Eifersucht gut verborgen, doch alle konnten sie an ihren Taten – beziehungsweise an deren Ausbleiben – erkennen.

Wenn ich Lorna damals gekannt hätte, wäre mein Rat an sie gewesen, das Meister-Switchword ZUSAMMEN einzusetzen. Allerdings verschloss sie die Augen geflissentlich vor der Wahrheit, dass das Problem bei ihr lag. Sie wäre vielleicht nicht offen dafür gewesen, ein Problem anzugehen, das sie nicht als das ihre erkannte. Aber wenn man in der Lage ist, einen inneren Konflikt bei sich oder anderen wahrzunehmen, ist es selbst dann sinnvoll, das Switchword ZUSAMMEN aufzusagen oder zu denken, wenn man die diesem Konflikt zugrunde liegenden unterdrückten Gefühle nicht versteht. Sprich es für dich selbst aus oder projiziere es auf die Person, die es benötigt (schreib ihren Namen sowie das Wort ZUSAMMEN, wie in Kapitel 5 beschrieben, in einen Energiekreis).

Wenn du ZUSAMMEN aussprichst, wirst du feststellen, dass dir alle tiefer liegenden Probleme bewusster werden, die dein Glück oder deine Erfüllung blockieren, und das versetzt dich in die Lage, sie loszulassen.

Wie Kates Switchwords zu einer Reaktion führten

Kate begann ihre Anwendung von Switchwords nicht einfach nur mit dem einen Meister-Switchword ZUSAMMEN. Sie war erpicht darauf, mehr Wohlstand anzuziehen, und daher begann sie, den Geld-Satz zu chanten: ZUSAMMEN-FINDE-GÖTTLICHE-SI-CHERHEIT. Sie berichtete:

»Ich habe den Satz oft für mich wiederholt – morgens, wenn ich mit derselben alten Furcht davor aufwachte, einmal alt und arm zu sein, und dann auf meinem Weg zur Bahnstation … und immer, wenn ich die Möglichkeit dazu hatte und mich daran erinnerte, im Verlauf des Tages. Ich hatte eine positive Einstellung zu den Switchwords, weil ich sie in der Vergangenheit mit ERREI-CHEN erfolgreich ausprobiert hatte und ein Buch aufspüren konnte, das ich für meinen Unterricht benötigte.

Nach zwei Wochen – ich chantete weiter, spielte in der Lotterie mit und überprüfte meine Anleiheagio-Zahlen – hatte sich noch nichts getan. Ich wusste, dass ich um das Geld kämpfen und ihm Wege bahnen musste, zu mir zu kommen, daher nahm ich an der Lotterie teil. Aber ich hatte einfach das Gefühl, nichts zu erreichen. Doch mir gefiel die in dem Klang von ZUSAMMEN-FINDE-GÖTTLICHE-SICHERHEIT liegende Möglichkeit noch, wenn ich die Worte aufsagte.

Dann kam der Durchbruch. Ich bemerkte, dass ich beim Chanten des Satzes zu visualisieren versuchte, wie ich das dritte Feld eines Rubbelloses frei kratzte, um 100 000 Pfund zu gewinnen. Ich konnte mir vorstellen, wie ich ein oder zwei Felder frei rubbelte, aber nicht das entscheidende dritte. Dann wurde mir klar, dass ich glaubte, ich könne nicht gewinnen oder viel Geld haben. Natürlich gefiel mir die Vorstellung zu gewinnen. Aber ich konnte nicht wirklich glauben, dass ich je zu den Glücklichen gehören würde.«

Diese Erkenntnis stieg während des Chantens in ihr auf, weil Switchwords das Unbewusste ansprechen. Kates Unbewusstes hatte angefangen zu reagieren, und so stieg ihr negatives Programm im Hinblick auf Geld an die Oberfläche und wurde ihr bewusst. Es stieg auf in jene fünf Prozent des Gehirns, welche über die Fähigkeit verfügen, die unserem Blick normalerweise verborgenen 95 Prozent zu lenken.

Dies ist der Augenblick, in dem wir die Bedeutung des flimmernden Bildes in einer Schüssel mit Wasser oder auf der Oberfläche eines Sees verstehen; dann sehen wir tief in den eigenen Spiegel unseres Selbst und werden von einem plötzlichen Wissen getroffen, einer Selbstwerdung. Im Märchen ist dies der Augenblick der Offenbarung, der Höhepunkt aller vorherigen Handlungen: wenn die Prinzessin in das blutige Gemach von Blaubart schleicht, um dort die Leichen seiner vorherigen Frauen zu finden, oder wenn Dornröschen nach 100 Jahren aus dem Koma erwacht – eine Metapher des Erwachens zur Liebe in Form des Prinzen.

Wie eine freudsche Fehlleistung, die dann entsteht, wenn ein Wort eine verborgene Überzeugung oder Emotion verrät, unterlief Kate eine »Bild-Fehlleistung«: Sie konnte sich nicht sehen, sich selbst nicht visualisieren, wie sie ein Leben mit Geld führte. Das erklärte einige ihrer früheren Handlungen (und ihre Untätigkeit) rund um finanzielle Angelegenheiten. Teilweise war sie zwiespältig gewesen. Kate war kein materialistischer Mensch und hatte eine negative Haltung zu Geld entwickelt, obwohl sie es sich noch immer verzweifelt herbeiwünschte. Sie hatte mit ihrem Einkommen als Lehrerin offenbar nie genug Mittel, aber sie tröstete sich mit der Tatsache, dass sie sich zumindest ihre Integrität erhalten konnte. Sie hatte sich nicht durch Geld korrumpieren lassen, und es würde nicht ihr Leben bestimmen.

Aber je länger sie von ihrem ziemlich bescheidenen Gehalt allein in der Stadt lebte, desto schwieriger war es für sie, diese Haltung beizubehalten. Dann gab Kate sich selbst nach und war der Meinung, dass sie Geld brauchte (viel Geld). Doch hinter ihren Erklärungen und Feststellungen, was sie brauchte, verbarg sich die Auffassung, dass »sehr viele vermögende Leute sich selbst untreu geworden sind, und ich bin nicht so, und darum kann ich nicht vermögend werden«. Diese Haltung schützte sie vor einem möglichen Scheitern bei dem Versuch, ihr Ziel zu erreichen. »Ich vermute, meine Grundüberzeugung, dass Wohlstand negativ ist und dass reiche Menschen schlecht, korrupt oder irgendwie unwürdig sind, war lediglich eine Projektion meines eigenen Gefühls der Unwürdigkeit.«

Indem sie die Initiative ergriff und ihre Switchwords rezitierte, fand Kate ein Instrument, um dieses negative unbewusste Programm aufzudecken. Sie wusste jetzt, was ihren Wohlstand möglicherweise verhindert hatte: Auf einer tief liegenden Ebene glaubte sie einfach nicht, dass sie ihn verdiene.

Eine Blockade auszusprechen kann der Anfang einer Besserung sein. Wie ein Computervirus, der unsere unbewusste Datenbank infiziert hat, in der unsere Erinnerungen und Überzeugungen gespeichert sind, kann eine Blockade gelöscht werden. Das mag eine gewisse Zeit in Anspruch nehmen, aber das einfache Eingeständnis, dass die Blockade vorhanden ist, und das Hervorbringen des Problems aus seinem schmachvollen Versteck ans Licht können einen riesigen Schritt nach vorn bedeuten. Kate begann, ihre Blockade als das zu sehen, was sie war: eine ungewollte Überzeugung, eine Fehlinterpretation aus der Vergangenheit, die ihr nur dabei im Weg stand, an das Geld zu kommen, das sie brauchte. Und sie fragte sich, warum sie sich eigentlich selbst blockieren sollte.

Mit Scham umgehen

Scham ist eine große Barriere für die Wahrheit. Wenn wir eine Erfahrung mit Schamgefühlen verbinden, würden wir sie am liebsten irgendwo verscharren. Die Angst, durch andere bloßgestellt zu werden, kann ein immenser Anreiz sein, uns von dem verletzten Teil loszusagen, der eine sofortige Aufmerksamkeit und Heilung verlangt, und ihn so weit wie möglich aus unseren Gedanken zu verdrängen – in der trügerischen Hoffnung, dass er verschwinde oder in Vergessenheit gerate.

Aber auch wenn wir uns noch so sehr bemühen – diese unterdrückten Erinnerungen und negativen Erfahrungen bleiben meist bestehen und steuern unser Verhalten und unsere Haltung uns selbst gegenüber auf irgendeiner Ebene. Und vielleicht leiden wir unter einem geringeren Selbstwertgefühl oder Selbstvertrauen, als unser äußeres Auftreten das glauben macht.

 **Tipp:** *Der Schambesänftiger*
BEUGEN-LIEBE-WIEDERHERSTELLEN. BEUGEN verkleinert das bestehende Gefühl, LIEBE erzeugt Selbstliebe und WIEDERHERSTELLEN lässt Zuversicht entstehen.

Bevor sie es wieder mit ihren »Geld-Switchwords« versuchte, wählte Kate andere Worte. Diese sollten ihr dabei helfen, sich berechtigt zu fühlen, und ihr Problem angehen, Geld und Wohlstand nicht verdient zu haben. Sie wählte ERMUTIGEN, um einen Rückschlag in einen Aufschwung zu verwandeln, HINAUF für Zuversicht und BLUFF, um die Angst zu vertreiben. Und sie experimentierte mit den Switchword-Sätzen ZUSAMMEN-HINAUF-ERMUTIGEN und ZUSAMMEN-BLUFF.

In den meisten unserer Blockaden steckt ein Aspekt der Angst. Daher kann die Arbeit mit Switchwords, die dieses Problem angehen, sicher bei der Manifestation von Wünschen helfen. Die Verwendung von Switchwords bewirkt allerdings auch Veränderungen, die Ängste auslösen können. Beispielsweise bedeutet Gewichtsverlust eine Art Umgestaltung, und viele von uns fürchten sich in ihrem Innersten vor einer Veränderung. Wer wäre ich ohne meine Fehler und Probleme? Wie wäre ich als schlankere und selbstbewusstere Version meiner selbst? Wie würden andere auf meine Veränderungen reagieren? Da in uns so viel vorgeht, ist es kein Wunder, wenn wir Angst und Abwehr empfinden.

Tipp: *Die Angst-Vernichter*

BLUFF hilft, Anspannungen abzubauen und zu vertreiben; VERÄNDERUNG ermöglicht es, negative Gedanken loszulassen. Verwende das Meister-Switchword ZUSAMMEN mit BLUFF und VERÄNDERUNG, etwa als ZUSAMMEN-BLUFF oder ZUSAMMEN-VERÄNDERUNG. Dies versetzt dich in einen Zustand des »Selbstzusammenseins«, wenn du durch Angst das Gefühl hast, von der eigenen Person getrennt zu sein. Füge SEIN hinzu für inneren Frieden: ZUSAMMEN-BLUFF-SEIN oder ZUSAMMEN-VERÄNDERUNG-SEIN. Wenn du merkst, wie die Angst abzuebben beginnt, versuch es mit dem Chanten von LEUCHTEN, um deine Stimmung aufzuhellen. Vielleicht magst du auch mit den Bachblüten-Switchwords experimentieren, auf die ich in Kapitel 5 näher eingehe: ASPEN, CHERRY PLUM, MIMULUS, RED CHESTNUT oder ROCK ROSE wären in diesem Zusammenhang geeignet. Versuche, sie allein oder in Verbindung mit ZUSAMMEN oder mit ZUSAMMEN-GÖTTLICH zu rezitieren.

Eine kurze Mahnung

Sei dir der Macht bewusst, die dein Unbewusstes über deine täglichen Handlungen hat. Stell dir dein Unbewusstes als einen Freund vor, der auf glaubwürdige Bitten reagiert und nicht ignoriert, überstimmt oder unterdrückt werden will. Hör auf dein Unbewusstes, wenn es sich sträubt und dir sagt, warum du die Umsetzung deiner Wünsche möglicherweise blockierst.

Drei Fragen, die du dir stellen solltest, bevor du anfängst

1. Worin besteht mein wirkliches Ziel?

Überleg dir genau, welches Ziel du hast, bevor du mit dem Einsatz von Switchwords beginnst. Brauchst du wirklich Geld oder brauchst du eher Liebe und Unterstützung? Brauchst du wirklich jetzt sofort eine Beziehung oder ist Selbstvertrauen zunächst für dich wichtiger? Sei achtsam mit deinen Wünschen, damit deine Switchwords, wenn du sie dir aussuchst, dein wirkliches Ziel zum Ausdruck bringen. Es ist nicht das, wovon dein Ego träumt, sondern vielmehr das Ziel, das dich in deinem Leben auf dem richtigen Weg voranbringt. Wenn deine Ziele glaubwürdig sind und du die richtigen Switchwords verwendest, reagiert dein Unbewusstes stark, und du wirst das bekommen, was du dir wünschst. Auf diese Weise geht der Einsatz von Switchwords einige der Blockadeprobleme an, die bei traditionellen Manifestationsversuchen auftauchen (siehe dazu in der Einleitung den Abschnitt »Warum Switchwords zum Erfolg führen, wo Affirmationen möglicherweise scheitern«).

Vielleicht glaubst du, dass du Geld brauchst, und du chantest entsprechende Switchwords (zum Beispiel FINDE-GÖTTLICHE-SICHERHEIT). Aber während du die Worte aussprichst, stellst du fest, dass sich deine gedanklichen Bilder eher um das drehen, was Geld ermöglichen kann: um Freiheit, Wahlmöglichkeiten, Reisen, Anerkennung, langfristige Sicherheit, die finanzielle Unterstützung anderer oder inneren Frieden.

Eventuell glaubst du, dass du eine Beziehung haben solltest, und darum chantest du GÖTTLICH-LIEBE-ZAUBER-SEIN. Du chantest das ein paar Tage lang unter der Dusche und bemerkst, dass du dir eigentlich nicht einen romantischen Partner vorstellst, sondern ein Tier, das du schon immer haben wolltest, aber nie haben und lieben konntest.

Switchwords können also dabei helfen, entscheidende Informationen freizusetzen, die wir in unserem Unbewussten über uns selbst hegen. Und das kann der Anfang einer Reise oder einer Rückkopplungsschleife sein, in deren Verlauf wir die verwendeten Switchwords ändern können, weil wir von unserem Unbewussten eine Rückmeldung darüber erhalten, was es braucht.

Wir können das mit Tempoanzeigen an den Straßen vergleichen, die unter Geschwindigkeitsschildern erscheinen und melden: »Ihre Geschwindigkeit beträgt …«; während man darauf zufährt (und man ist meist schneller als erlaubt). Die Anzeige gibt einem eine sofortige Rückmeldung, und man passt sein Tempo dann entsprechend an. Ähnlich verhält es sich mit Switchwords: Wenn du deine Worte sagst, stellst du vielleicht fest, dass dir dein Unbewusstes eine Rückmeldung gibt. Das kann in Form eines Gedankens geschehen, einer Einsicht, einer Handlung, zu der du dich genötigt fühlst, eines Ereignisses, eines Geschenks – oder eben eines anderen Switchwords.

Tipp: *Die Rückkopplungsschleife*

Fang damit an, drei Tage lang das Meister-Switchword ZU-SAMMEN zu chanten. Achte darauf, was du während dieser Zeit empfindest und was du empfängst. Welcher Aspekt deines Lebens fühlt sich anders an – die Arbeit, Beziehungen, Geld, Gesundheit, dein Zuhause? Konzentriere deine Aufmerksamkeit auf diesen Bereich und finde ein Switchword, das ihn unterstützt (siehe hierzu den Anfang von Kapitel 3 und das Verzeichnis der Switchwords am Ende dieses Buches). Wenn ZUSAMMEN bei dir Eindrücke und mentale Bilder hervorruft, die sich um deine Gesundheit drehen – etwa indem du dir dessen bewusst wirst, dass dein Energieniveau niedrig ist –, dann versuch es für die nächsten ein oder zwei Tage damit, BEWEGUNG zu chanten. Achte erneut darauf, wie du dich fühlst und wohin du deinem Empfinden nach gezogen wirst. Wenn du feststellst, dass du nach dem Chanten von ZUSAMMEN eine gute Rückmeldung bei der Arbeit bekommst, dann probier es mit einem zur Arbeit passenden Switchword wie HINZUFÜGEN aus, um auf dem Erfolg aufzubauen. Fahr mit der Schleife fort und wähle immer, wenn du eine Veränderung spürst, ein neues Switchword.

 **Tipp:** *Fang mit ZUSAMMEN oder RINGSHERUM an*
Wenn du nicht recht weißt, welche Switchwords du im Moment brauchst, dann kannst du immer einfach mit ZUSAMMEN anfangen und abwarten, was für dich entsteht. Oder mach mit RINGSHERUM den Anfang, damit du Hilfe bei der Auswahl aus den Listen der Switchwords in diesem Buch erhältst.

2. Kann ich bekommen, worum ich bitte?

Ist es dir möglich, ein Kompliment beispielsweise für deine Kleidung anzunehmen, ohne zu erwidern: »Dieses alte Teil? Ich hab es schon seit Jahren«? Kannst du einen Strauß Blumen mit aufrichtigem »Danke« in Empfang nehmen, statt zu sagen: »Ach, das wäre doch nicht nötig gewesen«?

Als ich vor vielen Jahren in Nepal herumreiste, wollte ich kurz vor dem Ende unseres Urlaubs ein paar kleine Geschenke für das Hotelpersonal dalassen. Häufig ließen Reisende Kleidung und

Schuhe zurück, die sie nicht mehr brauchten, sowie Geldgeschenke. Da es für das Personal schwer war, an Geld und Kleidung heranzukommen, wurden solche Geschenke geschätzt, wie man uns mitteilte. Als ich meine Sachen zusammenpackte und dabei die Dinge zurechtlegte, die ich dalassen wollte, sagte uns ein einheimischer Freund, wir sollten die Sachen zusammengefaltet auf unseren Betten liegen lassen. Es war nicht üblich, sie dem Personal persönlich zu überreichen oder sie an der Hotelrezeption abzugeben. Der Grund dafür war der Stolz der Empfänger. Eine persönliche Übergabe wäre von ihnen als Demütigung empfunden worden.

Ich verstand das zwar, aber ich wollte meine kleinen Geschenke aus egoistischen Gründen direkt übergeben. Ich wollte, dass sie persönlich empfangen wurden, weil ich mich freute, dass ich etwas von einem gewissen Wert an einem Ort zurücklassen konnte, den ich so gern aufgesucht hatte.

Dies brachte mich dazu, darüber nachzudenken, wie wir im Westen Geschenke annehmen. Vielleicht finden auch wir, dass eine gewisse Demütigung mit einer dankbaren, bedingungslosen Annahme verbunden ist. Weil wir nicht als bedürftig oder arm betrachtet werden wollen, können wir uns nicht bedanken, ohne zu signalisieren, dass wir dieses Geschenk eigentlich nicht bräuchten. Wenn wir jedoch nicht imstande sind, kleine Präsente mit Anmut anzunehmen, blockieren wir möglicherweise unsere Fähigkeit, die größeren Geschenke zu empfangen, die wir uns wünschen.

Zu diesen kleinen Gaben gehören auch jene eher unscheinbaren Dinge, die wir in unserem derzeitigen Leben stärker würdigen sollten, bevor wir uns an die großen Wünsche heranwagen. Indem wir jeden Tag Dankbarkeit für das zeigen, was wir haben, lassen wir das Gesetz der Anziehung wirksam werden: Je mehr wir die täglichen Geschenke wahrnehmen und wertschätzen, desto mehr Gaben schickt uns das Universum. Gleiches zieht Gleiches an. Je vehementer wir das Erfahren der Welt ablehnen, indem wir die Geschenke und Angebote anderer zurückzuweisen scheinen, desto stärker wird unsere Fähigkeit heruntergefahren, Wünsche zu verwirklichen.

Sich ständig zu beklagen und alles abzuurteilen ist auch eine Form der Zurückweisung. Das kann mitunter sehr subtil geschehen. Wir nehmen uns vielleicht nicht als Miesmacher und Meckerliese wahr, aber denk mal nach: Wie oft hast du dich heute schon beschwert (über das Wetter, deine Fahrt zur Arbeit, Langeweile, Lärm …)? Hast du das Verhalten eines anderen reflexartig abgeurteilt? Oder den langsamen Fahrer vor dir als »A…« bezeichnet? Deine Worte sind mächtig, und negative Worte erzeugen einen Filter, durch den die Welt in einem finstereren Licht erscheint.

Meine Freundin Kathy bezeichnet negative Begriffe als »verbotene Worte« oder »Anti-Switchwords«. Es sind Worte und Sätze, die dein Manifestationspotenzial stilllegen. Dazu gehören zum Beispiel »sollte«, »wird nichts« oder »ist nichts«. Wenn man das Wort »nein«, andere negative Worte oder »Angst«-Worte wie »Armut« oder »Krankheit« sieht oder ausspricht, erzeugt dies tatsächlich Stress produzierende Hormone und Neurotransmitter, die im Körper freigesetzt werden. Und das Gesetz der Anziehung wirbelt als Reaktion auf deine Worte herbei und tritt in Aktion: Negativität erzeugt Negativität. Je mehr du herausgibst, desto mehr bekommst du davon zurück.

 **Tipp:** *Dankbarkeitsübung*
Schreib jeden Abend kurz auf, was an dem jeweiligen Tag gut gewesen ist. Liste mindestens fünf Dinge auf, für die du

dankbar bist – ob es sich nun um die problemlose Fahrt zur Arbeit, einen Roman, den du mit Genuss gelesen hast, ein gemütliches Zuhause oder darum handelt, dass du heute gesund warst. Selbst wenn du den Eindruck hast, dass der Tag scheußlich gewesen ist, suche intensiv nach fünf positiven Dingen. Versuch es mindestens eine Woche lang damit und schreib jeden Abend deine Liste mit den Dingen nieder, für die du dankbar bist. Du wirst feststellen, dass du dadurch fähiger wirst, die kleinen Freuden im Leben zu genießen und die größeren Geschenke, die du dir wünschst, mit mehr Macht anzuziehen. Sag, wenn du deine Liste beendet hast, das Switchword DANKE.

3. Kann ich glauben und vertrauen?

Wie gesagt brauchst du keinen bedingungslosen Glauben an die Switchwords, damit sie für dich ihre Wirkung entfalten. Du musst lediglich eine positive Haltung haben und innerlich offen sein. Manche Menschen haben Probleme mit der Vorstellung, dass bei der Verwendung von Switchwords ein energetisch verbundenes, lebendiges Universum oder ein universelles Bewusstsein oder Gott eine Rolle bei der Manifestation spielen. Aber viele können auf irgendeiner Ebene akzeptieren, dass es eine höhere Macht gibt, die auf unser Leben Einfluss nimmt. Wähle dir einen Begriff oder Satz aus, der dir einleuchtet (vielleicht »ordnendes Prinzip« oder »Rhythmus der Natur«). Wenn du nicht ohne Weiteres einen Glauben an oder ein Vertrauen in eine höhere Macht entwickeln kannst, dann fördere das Vertrauen in und den Glauben an dich selbst, um das zu bekommen, was du brauchst.

Am anderen Ende des Spektrums befinden sich jene, die so auf das Konzept der Manifestation und das Gesetz der Anziehung ausgerichtet sind, dass sie sich übermäßig auf das Ergebnis fixieren und ständig nach Zeichen dafür suchen, dass ihre Manifestationsbemühungen Früchte tragen. Wenn wir uns aber verbissen auf das Ergebnis fixieren, sind wir normalerweise in unserem Ego gefangen, statt es zuzulassen, dass wir durch unsere Intuition zu Lösungen und Ideen geführt werden. Immer wenn dein Glauben schwindet, solltest du nach Kräften allen Glauben heraufbeschwören, zu dem du imstande bist, wenn du deine Switchwords sagst. Vertraue darauf, dass sich dein Wunsch erfüllen wird – und lass los.

Glaub ganz und gar an das Wort und an dein Ziel. Achte auf die Empfindungen in deinem Körper, während du die Worte sprichst oder chantest – fühl die Energie deines Wunsches wirklich.

Dazu der Switchword-Pionier James T. Magan in seinem Werk *The Secret of Perfect Living*: »Wiederhole das Notwendige wieder und wieder; unterwirf dich dem größeren Du; du musst dein Ziel wollen, wirklich wollen und es so klar formulieren, dass du keinen Zweifel daran haben kannst. *Glaube*. Wähl den passenden Schalter aus und leg ihn um, wie du einen elektrischen Lichtschalter umlegen würdest, ohne Zeit oder Gedanken darauf zu verwenden, worin seine Bedeutung besteht.«

Ein Teil des Vertrauensfindungsprozesses besteht darin, deinen Wunsch loszulassen und abzuwarten, wie sich das Ergebnis manifestiert.

Ein Freund namens Peter berichtete, dass er, als er das Switchword ERREICHEN verwendete, um ein Teil für sein Fahrrad wiederzufinden, das Wort 28-mal rezitierte und dann wartete. Und weißt du, was? Nichts passierte, weil er annahm, dass sich das Teil auf irgendeine Weise zeigen würde – dass es aus einem Schrank vor seine Füße fiele, es jemand fände und ihm gäbe und es zu einer riesigen Offenbarung käme. »Stattdessen entschied ich mich, es noch einmal zu rezitieren und dann eine Zeit lang zu vergessen. Ich setzte den Kessel auf und ertappte mich dabei, dass ich zu einem Haufen Gerümpel in einem Schrank ging, den ich bereits durchsucht hatte, und erneut ein paar Sachen ganz hinten im Schrank durchkämmte. Und da war es. Ich vermute, dass ich beim zweiten Mal entspannter war und es deshalb nicht mehr übersah.«

Der Schlüssel zu Peters Erfolg ist seine Formulierung »... und ertappte mich dabei«. Er wollte nicht unbedingt etwas machen, sondern er folgte dem Fluss und erlaubte es seinem unbewussten Selbst, ihn zu leiten.

Denk daran: Vertrau darauf, dass Switchwords eine direkte Auswirkung auf dein allmächtiges Unbewusstes haben und dass sie dir das herbeibringen, was du im Leben haben willst.

Kapitel 2

Switchword-Techniken

Auf geht's

Du brauchst nur das Wort zu sagen. Sprich dein Switchword oder deine Switchwords laut aus, beschäftige dich in Gedanken mit ihnen oder wiederhole sie, sodass sie zum Mantra werden, indem du sie entweder laut oder leise rezitierst.

Einzelne Worte sprechen

Beginne für den Anfang mit einem der vier Manifestations-Switchwords:

ZUSAMMEN beschafft dir alles, was du willst. Es vergrößert zudem die Wirkung jedes anderen Switchwords, das du mit ihm gemeinsam verwendest.
GÖTTLICH bittet um ein Wunder.
GÖTTLICHE ORDNUNG schafft bei dir zu Hause, bei der Arbeit und im Leben Ordnung.
BRINGEN bringt, was du dir wünschst.

Switchwords kombinieren: Switchword-Paare

Wenn du es mit einem Switchword-Paar (zwei gemeinsam verwendeten Switchwords) versuchen willst, beginnst du am besten mit ZUSAMMEN-GÖTTLICH (»Verwirkliche, was immer ich will, und bring mir ein Wunder herbei«). Experimentiere damit, indem du andere Switchwords deiner Wahl zu ZUSAMMEN oder GÖTTLICH oder ZUSAMMEN-GÖTTLICH hinzufügst. Wähle alternativ zwei andere Switchwords, die dein Ziel beschreiben, und rezitiere sie zusammen, etwa LIEBE-SEIN (»Bring mir Liebe und Frieden«).

Sätze bilden

Beginne mit ZUSAMMEN-GÖTTLICH und höre mit SEI-JETZT-GETAN auf. SEI-JETZT-GETAN ist das »Programmbeendigungs-Switchword« und bedeutet: »Ich äußere meinen Wunsch mit Gelassenheit und Energie, und er wird erhört.« Um Wohlstand anzuziehen, verkünde also: ZUSAMMEN-GÖTTLICH-SICHERHEIT-SEI-JETZT-GETAN. SICHERHEIT ist ein Switchword, das Geld herbeischafft. Um Liebe zu bekommen, rezitiere ZUSAMMEN-GÖTTLICH-LIEBE-ZAUBER-SEI-JETZT-GETAN. LIEBE bringt Liebe, ZAUBER lässt deinen Herzenswunsch wahr werden. Aber ich möchte betonen, dass es nicht erforderlich ist, Sätze zu bilden; auch ein Wort allein funktioniert. Probier das aus, was sich für dich richtig anfühlt.

Sagen und denken

Bau zunächst Energie auf, bevor du das Switchword sagst. Lad es mit Glauben auf, der dir bringt, was du haben willst. Um dies zu tun, verbring ein paar Sekunden oder mehr damit, dich auf dein Ziel zu konzentrieren. Spür es. Stell dir vor, dass du es erreicht hast. Wenn du es schwierig findest, den entsprechenden Glauben aufzubringen, dann versuch, alle Mutmaßungen oder Voreingenommenheiten loszulassen. Sei offen. Alles ist möglich.

Sprich dein Wort oder deine Worte laut aus oder denke sie. Es ist egal, ob du deine Worte laut rezitierst oder sie in Gedanken formulierst oder zwischen beidem wechselst. Die Energie und die Wirkung der Worte bleiben gleich.

Spür den Klang der Worte und ihre Schwingung. Fühl ihre Resonanz. Aber analysiere die einzelnen Worte nicht und denk auch nicht über ihre wörtliche Bedeutung nach. Verbinde dich mit ihrem Klang, ihrem Rhythmus und ihrer Schwingung, als würdest du sie körperlich in dich aufsaugen. Du könntest dir vorstellen, dass die Worte in Wahrheit aus einer fremden Sprache stammen und du sie nicht verstehst.

Wenn du die einzelnen Worte analysiert und darüber nachdenkst, was sie bedeuten, schaltest du dein analytisches Bewusstsein ein, das das intuitive Unbewusste aussperren kann. Der Teil von dir, der naturgemäß hinterfragt, analysiert und bewertet, agiert als eine Art Grenzpatrouille zwischen dem Bewusstsein und dem Unbewussten. Verordne dir eine Wiederholungsaufgabe, wenn du dich dabei ertappst, dass du die Worte analysierst oder über sie nachgrübelst. Rezitiere das Switchword oder die Switchwords, während du Kaffee machst, deinen Schreibtisch aufräumst, abwäschst oder sonst was tust, was deine Hände beschäftigt. Tu es, und du wirst feststellen, dass sich dein Bewusstsein weniger oft einmischt. Lenk die Wachen der Grenzpatrouille mit einer Tätigkeit ab, und du wirst deine Botschaft – dein Switchword – durchschleusen können.

Switchwords als Mantra sprechen

Durch Wiederholung entwickeln Switchwords einen eigenen Puls oder Rhythmus und werden zum Mantra. Das Chanten eines Mantras bewirkt eine physische, emotionale und mentale Veränderung. Wähle zunächst dein Switchword oder deinen Switchword-Satz. Um an Geld zu kommen, kannst du es mit SICHER-HEIT oder mit dem Switchword-Satz FINDE-GÖTTLICHE-SICHERHEIT versuchen. Wiederhole das Wort oder den Satz. Du wirst sofort den damit verbundenen Rhythmus spüren, etwa *dada-dadada-dadada*. Deine Aufmerksamkeit verlagert sich von den Worten auf den Klang der Worte, und dies bringt dich in die Schwingungen für den Erfolg.

Probier es, deine Switchwords in der erwähnten traditionellen Anzahl von 10, 28 oder 108 Wiederholungen aufzusagen. Erlaub es den Worten, ihren eigenen Puls oder Takt zu bestimmen, während du sie wiederholst.

Deine Switchwords klopfen

Du kannst deine Switchwords auch »klopfen«. Bei dieser einfachen, aber äußerst wirkungsvollen Technik, bekannt als EFTs (Emotional Freedom Techniques, Techniken der Emotionalen Freiheit), klopft man die Worte sozusagen in die Meridianpunkte des Körpers ein. Probier es mit Wiederholungsrunden, bei denen du auf die Finger und den Daumen oder auf Punkte auf dem Kopf oder am Rumpf klopfst. Die Anleitung dazu findest du in Kapitel 6.

Verbreite deine Switchwords über die Social Media

Teile anderen deine Switchword-Anwendungen auf den Social-Media-Websites und auf Twitter mit. Das ist eine hervorragende Möglichkeit, deine Praxis zu unterstützen. Verwende in Tweets dein Switchword oder deine Switchwords als Hashtag. Beispielsweise kannst du den Tweet #Switchword #BRING als dein Manifestations-Switchword des Tages verschicken. Dies fördert nicht nur die Entwicklung der Anwendung von Switchwords durch gegenseitigen Austausch, sondern verstärkt darüber hinaus deinen Glauben, wenn du deinen Wunsch in dem Wissen ans Universum hinausschickst, dass das Gesetz der Anziehung dir bringen wird, was du haben willst.

Das Verankern von Switchwords während des Schlafs

Wie die bereits erwähnte Studie der Northwestern University zeigt, kann Schlaf entscheidend für die Verankerung von Veränderungen im Unbewussten sein. Das Hören deiner Switchwords, während du schläfst, ist ein wirkungsvoller Weg, dein Unbewusstes anzusprechen.

Wähle dafür die Switchwords aus, mit denen du gern arbeiten möchtest. Zeichne sie als Mantra in Form von Wiederholungen akustisch auf. Spiel sie als Endlosschleife ab, wenn du schlafen gehst. Stell den Ton dabei so leise, dass du nicht davon gestört wirst.

Andere kreative Arten, mit Switchwords zu arbeiten

Stell ein heilendes Switchword-Wasser (siehe Kapitel 5) oder Switchword-Karten her (siehe Kasten) oder probier es mit Kat Millers Energiekreisen, um deine Switchwords auszusenden (siehe Kapitel 5).

Switchword-Karten und -Notizen herstellen

Schreib deine Switchwords auf Karten oder Post-it-Zettel und klebe sie an deinen Kühlschrank, deinen Computer oder das Armaturenbrett in deinem Auto. Das hilft dir nicht nur, dich daran zu erinnern, deine Worte während des Tages zu sagen, sondern es wirkt auch als Talisman. Schreib dein Switchword oder deine Switchwords in die Mitte der Karte oder des Post-it-Zettels und dann zieh einen vollständigen Kreis um das Wort oder die Worte, sodass sie eingeschlossen sind. Achte dabei darauf, dass die Kreislinie keines der Worte berührt. Dies verwandelt das Ganze in einen Energiekreis, der die Switchwords selbst dann aussendet, wenn du sie nicht laut oder in Gedanken sprichst.

Austesten, welche Worte bei dir wirken

- Überprüfe deine Gefühle, wenn du die Switchwords sagst. Das Sprechen oder Denken der Worte erzeugt eine Schwingung, die du möglicherweise spürst. Dies kann sich in Form einer physischen Empfindung auf deiner Haut, irgendwo in deinem

Körper, als ein Gefühl der Leichtigkeit oder als kleine energetische Veränderung äußern. Beobachte, womit du eine Resonanz und bei welchen Worten du ein gutes Gefühl hast und welche so funktionieren, dass du anfängst, eine wirkliche Veränderung in deinem Leben als Ergebnis ihrer Verwendung zu bemerken. Setze deine Intuition ein, um die Worte oder Sätze auszuwählen, die am besten für dich geeignet sind (verwende dazu, wie oben empfohlen, auch das Switchword RINGSHERUM). Mach dir dazu Notizen in einem Tagebuch. Experimentiere mit ihnen.

- Sei nicht besorgt, wenn einige Switchwords bei dir zuweilen keine Wirkung haben. Vielleicht gehörst du zu den Leuten, bei denen ein paar universelle Switchwords nicht funktionieren. Bedenke, dass universelle Switchwords bei 95 bis 100 Prozent der Menschen Schalter umlegen, während offene Switchwords bei sehr vielen Menschen wirken – bei 50 bis 94 Prozent. Versuch es, wenn bestimmte Worte bei dir nicht wirken, mit anderen universellen oder offenen Switchwords oder finde deine persönlichen Worte und spür neue auf, die nur für dich wirken (siehe dazu Kapitel 4). Bau sie in deinen Switchword-Wortschatz ein.

Der kinesiologische Muskeltest

Eine wirkungsvolle Methode, um schnell zu testen, ob ein Switchword das richtige für dich ist, besteht in dem kinesiologischen Muskeltest, bei dem du deine Finger einsetzt. (Die Kinesiologie ist ein alternativmedizinisches Diagnose- und Behandlungsverfahren.) Bei Muskeltests schickt dein höheres Selbst eine wahrhaftige Botschaft in Form eines physischen Signals durch den Körper. Es überprüft dein Energiefeld, so wie ein elektrischer Stromkreis überprüft wird, und erkennt eine starke oder schwache Verbindung. Dieser Test wird eingesetzt, um eine Ja- oder eine Nein-Antwort zu erzeugen, und eignet sich auch vorzüglich dafür, deine persönlichen Switchwords auszuprobieren (siehe dazu auch Kapitel 4).

Richte, bevor du damit anfängst, deine Aufmerksamkeit auf deinen Körper. Atme tief durch und lass deine Schultern fallen. Beschließe, neutral zu sein und dich nicht auf irgendein Ergebnis zu fixieren. Eine Möglichkeit, dies zu erreichen, besteht darin, dass du dich auf deinen Solarplexus konzentrierst und dein Atmen spürst, sodass du beginnst, aus deinen Gedanken herauszutreten und dich ganz in deinen Körper zu versenken. Es ist wichtig, das zu tun, weil die Botschaft von deinem höheren Selbst, einem Aspekt deines Unbewussten, über die Empfindungen in deinem Körper kommt.

- Teste den Test. Forme mit dem Daumen und dem Zeigefinger der einen Hand (der linken oder der rechten) einen Kreis. Leg nun die Spitzen von Zeigefinger und Daumen der anderen Hand in dem Kreis aufeinander und sag das Wort »stark«, während du mit ihnen kraftvoll den mit der anderen Hand geformten Kreis aufzureißen versuchst. Der Kreis hält. Das ist die »Ja«-Position. Jetzt wiederhol das Ganze, wobei du das Wort »schwach« sagst. Du wirst feststellen, dass der Kreis diesmal aufbricht. Dies ist die »Nein«-Position. Wiederhole dies mehrfach und achte auf den Unterschied zwischen deiner starken und deiner schwachen Position. Achte auch auf andere Empfindungen in deinem Körper. Möglicherweise fühlst du bei der »Ja«-Position etwas in deinem Solarplexus oder ein Prickeln, das dein »Ja« bekräftigt.
- Sprich das von dir gewählte Switchword, während du mit deinen Fingern gegen den Kreis drückst. Wenn der Kreis hält, ist

dies eine Bestätigung, dass das Wort für dich geeignet ist. Wenn er sich öffnet, versuch es mit einem anderen.

- Ein alternativer Fingermuskeltest besteht darin, wie oben beschrieben einen Kreis zu formen, aber diesmal den Zeigefinger der anderen Hand in den Kreis zu stecken und gegen den Punkt des Kreises zu drücken, an dem sich die Fingerspitzen berühren. Verwende einen mittleren Druck und sieh, ob sie sich trennen. Wieder hält der Kreis, wenn du das Wort »stark« verwendest. Aber wenn du »schwach« sagst, trennen sich deine Finger und lassen den Kreis aufbrechen. Versuch dies ein paar Mal und beobachte, was als Reaktion auf die einzelnen Switchwords passiert. Dann fang an, deine Switchwords anzuwenden.
- Sag das Switchword beim Test nur einmal und nimm die Rückmeldung an, die du bekommst. Wenn du das Switchword wiederholst, ist es wahrscheinlich, dass sich dein Bewusstsein einschaltet und versucht, die Rückmeldung hervorzurufen, die es sich wünscht. Bleib entspannt. Mach den Test jeweils nur einmal und akzeptiere die Antwort.

Einen Zeitrahmen für deine Wunscherfüllung festlegen

Eine Zeitvorgabe ist bei jedweder Manifestationstechnik immer eine komplexe Angelegenheit. Manche Leute glauben, dass es ihnen dabei hilft, sich auf ihren Wunsch zu konzentrieren, wenn sie einen Zeitpunkt für das Wahrwerden ihres persönlichen Wunders festsetzen. Andere hingegen haben das Gefühl, dass dadurch ein Widerstand geschaffen wird, weil das eine Bewährungsprobe einbaut: Indem wir beispielsweise darum bitten, dass ein Traum bis genau morgen um 10.15 Uhr wahr werden möge, stellen wir den

Prozess auf die Probe, statt einfach an ihn zu glauben. Nun sage ich zwar nicht, dass es unmöglich ist, morgen in der Lotterie zu gewinnen – bei der Manifestation ist *alles* möglich –, aber eine derart konkrete Vorgabe könnte bedeuten, dass wir das Ganze scheitern lassen, bevor wir auch nur damit begonnen haben.

Ein weiteres Problem besteht darin, dass Switchwords Bewusstseins- und Seinszustände unterstützen. Sie schaffen die Voraussetzungen für den Erfolg, aber sie geben nicht das Versprechen, neue Autos herbeizuschaffen oder den Weg für tolle Karrieren zu ebnen. Du musst noch immer selbst die Arbeit tun, das Geld verdienen, den Lottoschein ausfüllen und Chancen nutzen, um auf diese Weise dazu beizutragen, dass die von dir gewünschte Realität entsteht. Allerdings tust du es nun mit der Unterstützung des Universums und deines Unbewussten.

Wenn du gern versuchen möchtest, zusätzlich einen Zeitrahmen für die Erfüllung deiner Wünsche anzugeben (ich vermeide es, hier von »Frist« zu sprechen, weil die Fähigkeit des Universums, dir das zu geben, was du willst, keine Fristen kennt), dann füge die Zeit und das Datum hinten an deine Switchwords an. Wünschst du dir zum Beispiel eine neue Beziehung, kannst du chanten: »ZUSAMMEN-GÖTTLICH-LIEBE-ZAUBER bis 30. Juni (und das Jahr).« Spüre, wie du bereits in deiner idealen Beziehung bist. Chante, als würdest du eine Überfülle an Liebe erfahren und nicht ihren Mangel. Schreib deine Switchwords und das Datum nieder, dann vergiss es. Lass das Universum seine Arbeit verrichten.

Woran ich merke, dass meine Switchwords funktionieren

Die nächstliegende Antwort darauf lautet natürlich: »Das merkst du, wenn du bekommst, was du willst.« Doch es gibt Möglichkeiten, durch Bilder, Klänge, Gefühle und Bestätigungen sofort festzustellen, ob ein Switchword bei dir Wirkung zeigt.

Bilder

Immer wenn du einzelne Worte sprichst oder Mantras rezitierst, wirst du feststellen, dass sie kurz aufblitzende Bilder in deinem Kopf entstehen lassen. Diese Bilder zeigen, dass es eine Reaktion der rechten Gehirnhälfte gibt. Die rechte Gehirnhälfte erkennt unter anderem Gesichter und lässt beispielsweise Intuition, Kreativität und Bilder aufkommen. Hier ist auch der unbewusste Teil des Gehirns angesiedelt. Mentale Bilder, die wir im Wachzustand oder im Schlaf sehen, belegen die Aktivität des Unbewussten. Wenn du also feststellst, dass dein Switchword ein kurz aufblitzendes Bild erzeugt, ist dies ein Hinweis darauf, dass das Unbewusste sofort auf das von dir gesprochene Wort oder den Satz reagiert.

Dieses Bild muss nicht präzise sein. Du musst keinen Blick auf ein bestimmtes Gemälde oder auf den Inhalt eines Banktresors werfen können, wenn du ein einzelnen Wort sprichst oder chantest. Du siehst vielleicht eine Farbe, die eine Stimmung auslöst, oder du nimmst ein undeutliches Gebilde wahr. Manche Anwender von Switchwords sehen das Wort, das sie rezitieren, im Geiste auf einer Reklametafel oder einem Schild. Das Entscheidende dabei ist, dass das Bild sofort aufblitzt – es befindet sich in deinem Geist, bevor du dir gänzlich dessen gewahr wirst, dass es da ist. Es benötigt keine Anstrengung für sein Erscheinen, und es gleitet dir, wie im Traum, aus den Fingern, sobald du versuchst, es zu erklären oder zu enträtseln (weitere Erläuterungen findest du in dem Abschnitt über Switchwords und NLP in Kapitel 6).

Klänge

Wenn bestimmte Switchwords bei dir die Erinnerung an einen Song hervorrufen, so ist das ein weiteres Zeichen dafür, dass dein Unbewusstes auf diese Worte anspricht. Das Gehirn speichert im Unbewussten Töne, und wenn wir ein Wort hören, kann das einen Text und die dazugehörigen Töne aktivieren und sie in unser Bewusstsein bringen. Wenn ein Switchword eine Melodie in dir aufklingen lässt, ist auch dies ein Zeichen dafür, dass dein Unbewusstes auf das Wort reagiert – es antwortet dir durch Musik. Hier ein Beispiel:

Lauras Motivationsstern

Laura verwendete ERREICHEN, um Inspiration für ihr dahindümpelndes Projekt zu erhalten. Als sie das Wort sagte, stellte sie fest, dass sofort zwei Dinge geschahen: Das Wort beschwor das Bild einer Hand herauf – ihrer Hand –, die sich zum Himmel emporstreckte. Außerdem zog ihr der Satz aus einem Song durch den Sinn: »Greif nach den Sternen.« Sie begann, den Satz vor sich hin zu singen. Während sie das tat, sah sie das Bild ihrer Hand, die sich nach einem riesigen strahlend gelben Stern ausstreckte. Jedes Mal, wenn sie Motivation benötigte, summte oder sang sie ihren Satz »Greif nach den Sternen«, und dann tauchte das Bild vor ihrem geistigen Auge auf.

Gefühle

Switchwords lösen oft eine Empfindung in deinem Bewusstsein oder in deinem Körper aus. Beobachte, was in deinem Körper geschieht, wenn du dir Switchwords aussuchst und sie chantest. Während du ein Wort zum ersten Mal ausprobierst, achte auf alle Empfindungen in deinem Körper und auf alle Eindrücke in deinem Geist. Häufig ist im Bereich des Magens oder des Herzens eine Art »Hüpfer« zu spüren. Oder man hat ein »Aha«-Erlebnis, ein Gefühl der Verbindung zu einem Wort, das einem ein erhebendes oder faszinierendes Gefühl vermittelt. Probier es auch mit dem oben beschriebenen kinesiologischen Muskeltest, um herauszufinden, welche Worte für dich geeignet sind.

Bestätigungen

Ein Phänomen beim Gebrauch von Switchwords scheint zu sein, dass man eine Art Bestätigung erhält, während man auf ein Ergebnis wartet. Es ist, als würde das Universum zu einem sagen: »Erhalten und zur Kenntnis genommen. Überlass es uns.« Hier als Beispiel die Bestätigung, welche Siobhan die Gewissheit gab, dass ihr Wunsch nach mehr Geld »in Bearbeitung« war:

Siobhans Überfluss

Nachdem ihre beiden Kinder geboren worden waren, beendete Siobhan ihre beachtliche Karriere im Marketingbereich, um sich ganz dem Nachwuchs widmen zu können. Sie wollte dennoch zum Unterhalt der Familie beitragen und für mehr Geld in der Haushaltskasse sorgen, aber sie wusste nicht, wie sie das anstellen sollte, während sie ihre beiden Kleinen versorgte. Als Mitglied meiner Switchword-E-Mail-Empfängerliste erhielt sie einen Switchword-Satz für Geld und fing an, ihn zu verwenden. Siobhan berichtet:

»Ich wiederholte die Worte ZUSAMMEN-FINDE-GÖTTLI-CHE-SICHERHEIT und begann, ein paar Tabs auf meinem iPad zu löschen, als ich auf die Instagram-Site von Doreen Virtue stieß. Genau in der Mitte der Seite war eine ihrer Bekräftigungskarten, auf der stand: ›Deine Finanzen bessern sich, und es wird eine positive Veränderung bei deinen Geldzuflüssen geben.‹ Ich dachte, es sei ein Zufall. Darum nahm ich eines ihrer Kartenspiele aus dem Regal und mischte es. Und weißt du, was? Ich zog ›Segnungen des Überflusses‹.

Ungefähr zwei Wochen später wurde meinem Mann von einem führenden Großunternehmen in den USA eine feste Stelle angeboten, was eine enorme Erleichterung für uns war. Er arbeitete als freiberuflicher Desktop-Publishing-Techniker und wusste oft nicht, wie viele Aufträge er im nächsten Monat bekommen würde, sodass es wirklich schwierig für uns war, finanziell zu planen. Jetzt würden wir zumindest regelmäßige, gute Einkünfte haben. Als Nächstes gelang es uns, eine beträchtliche Rückzahlung aus unserer Kommunalsteuer zu bekommen, weil unser Haus seit 1998 falsch besteuert worden war. Und dann brütete ich mit einer Freundin die Idee aus, Malkurse in unserem Garten anzubieten und dafür eine Gebühr zu verlangen. Es fühlt sich an, als würde sich wieder alles öffnen. Ein Hoch auf die Switchwords!«

Häufig gestellte Fragen

Gibt es eine bestimmte Tageszeit, zu der ich meine Switchwords sprechen sollte?

Du kannst Switchwords zu jeder dir genehmen Tageszeit verwenden. Such dir eine für jeden Tag verbindliche Zeit aus, sodass du nicht vergisst, sie zu nutzen, etwa die Zeit, wenn du unter der Dusche bist, bevor du schlafen gehst oder wenn du dich auf dem Weg zur Arbeit befindest. Es ist hilfreich, wenn du deine Switchword-Anwendung mit regelmäßig wiederkehrenden Routineaufgaben verbindest – etwa mit Sportübungen im Fitnessstudio oder mit deinen Lauf- oder Walking-Runden. Denn das hilft dir, dich davon abzulenken, deine Worte zu analysieren, und du kannst die Switchwords mit den Wiederholungen deiner Körperübungen kombinieren und so einen bestimmten Rhythmus aufbauen. Sag zum Beispiel deine Worte viermal, geh vier Schritte, ohne sie zu sagen, und wiederhole das Ganze. Du kannst deine Switchwords auch in deine Meditations-, Heil- oder Kreativitätsübungen integrieren. (Darauf werde ich später noch eingehen.) Viele setzen Switchwords als Hilfestellung ein, um mit der Erledigung einer bestimmten Aufgabe anzufangen und beispielsweise einen festen Abgabetermin einzuhalten (GETAN), mit dem Schreiben eines Textes zu beginnen (KICHERN) oder die »Aufschieberitis« (Prokrastination) zu besiegen, sobald sie sich bemerkbar macht (BEWEGUNG).

Wie lange sollte ich meine Switchwords sagen?

Sag sie, bis du das Ergebnis erzielt hast, das du brauchst, oder bis du spürst, was dich blockiert. Das kann zehn Minuten oder mehrere Wochen dauern. Lass dir die Anwendung deiner Switchwords zur positiven Angewohnheit werden, die zum festen Bestandteil deines Tagesablaufs wird. Denk daran, allen Switchwords gegenüber offen zu sein, wenn du mit dem Chanten beginnst. Falls ein gechantetes Switchword oder ein Satz ein anderes Switchword oder einen anderen Satz in dir auftauchen lässt, handelt es sich um die Rückkopplungsschleife.

Warte nicht, bis ein Problem auftaucht

Warte nicht, bis du in eine schwierige Lage gerätst, bevor du dich den Switchwords zuwendest. Du kannst sie täglich einsetzen, um Blockaden aufzudecken, die dich daran hindern, erfolgreich zu sein (verwende dazu das Wort ZUSAMMEN), und um das heranzuziehen, was du willst – ob es sich dabei nun um ein altes Ziel handelt, mit dessen Erreichung du dich bereits abgekämpft hast, oder um eine neue Idee, die du verwirklichen, oder um einen neuen Lebensweg, den du einschlagen willst. Switchwords unterstützen die Manifestation einer Fülle unterschiedlicher Wünsche und können täglich verwendet werden, um alles zu fördern, was du unternimmst.

Was, wenn ich viele Dinge will? Kann ich im Lauf des Tages unterschiedliche Switchwords verwenden?

Jo fragte mich, ob sie nicht ein wenig zu gierig sei, weil sie so viele Bereiche in ihrem Leben ausmachen konnte, in denen sie Hilfe brauchte: mehr Geld (sehr viel mehr), eine Beziehung und neue Freunde in einer Gegend, in die sie gerade gezogen war.

»Verwirre ich mich nicht selbst, wenn ich um so viel bitte?«, fragte sie.

Ich schlug ihr vor, ZUSAMMEN-GÖTTLICH-RINGSHERUM zu rezitieren. ZUSAMMEN ist das Meister-Switchword für Selbstausrichtung und Manifestation. GÖTTLICH bittet um ein Wunder, was angesichts der Gefühle, die sie gerade empfand, angebracht schien – sie war überfordert von so vielen Bedürfnissen. RINGSHERUM vermittelte ihr einen Blick auf ihre Situation und half ihr, bei ihren Bedürfnissen Prioritäten zu setzen.

Bist du startklar?

Als Zusammenfassung hier sechs einfache Schritte, mit denen du Switchwords wirkungsvoll einsetzen kannst:

1. Wähle dein Ziel und sei bereit, das zu erhalten, was du willst. (Siehe dazu den Tipp »Dankbarkeitsübung« in Kapitel 1.)
2. Wähle deine Switchwords aus den Vorschlägen in Kapitel 3 oder aus dem Verzeichnis am Ende des Buches aus.
3. Teste deine Switchwords durch Einsatz deiner Intuition und/oder durch den Fingermuskeltest.
4. Sage, denke, chante oder klopfe deine Switchwords regelmäßig jeden Tag.
5. Glaube und vertraue, dass sie ihre Wirksamkeit für dich entfalten werden. Sei offen dafür, wenn sich dein eigentlicher Wunsch auf irgendeine Weise zeigt.
6. Achte auf alle Probleme, die während deines Gebrauchs von Switchwords auftreten, und nutz die in Kapitel 1 erläuterten Rückkopplungsschleifen. Pass deine Worte, falls nötig, im weiteren Verlauf entsprechend an.

Wenn du innerhalb des Zeitraums, in dem du möglicherweise um eine Erfüllung deines Wunsches gebeten hast, keine Ergebnisse siehst oder auf andere Art das Gefühl hast, dass du dich nicht auf dein Ziel zubewegst, dann verwende die Switchwords LOSLAS-SEN-WIDERSTAND oder rezitiere das Meister-Switchword ZU-SAMMEN und komm zu Schritt 5 zurück.

Musst du noch motiviert werden, um loszulegen?

Durchforste Kapitel 3 und das Verzeichnis der Switchwords und schau mal, was dir zusagt. Wenn du dir nicht sicher bist, ob du noch irgendetwas Besonderes brauchst, um deine Bedürfnisse zu befriedigen, dann mach Folgendes:

- Verwende das Switchword ZUSAMMEN, um dich darauf aus-zurichten, eine Auswahl zu treffen.
- Versuch es zunächst einmal mit RINGSHERUM. Dies hilft dir, einen besseren Überblick zu bekommen.
- Wenn du Sorgen hast oder unter negativen Gedanken leidest, verwende BLUFF, um sie zu vertreiben und in eine gute Ge-mütsverfassung zu kommen.
- Probier es mit HINAUF, um dich zu motivieren ... und dann fang an.

Kapitel 3

Nimm dir, was du willst

In allen Bereichen des Lebens

Die Switchwords in diesem Kapitel sind nach Themen geordnet: Geld; Arbeit, Kreativität und Projekte; Beziehungen; Verbesserung des Gesundheitszustands. Außerdem werden sieben Möglichkeiten beschrieben, wie man Switchwords täglich einsetzen kann. Die Listen zu den einzelnen Themenbereichen führen folgende Switchword-Rubriken auf, die du sofort ausprobieren kannst:

- Universelle Switchwords: Sie wirken bei 95 bis 100 Prozent aller Menschen.
- Offene Switchwords: Sie funktionieren bei 50 bis 94 Prozent aller Menschen.
- Experimentelle Switchwords: Dabei handelt es sich um neue Switchwords, die dem Kreislauf hinzugefügt werden.
- Switchword-Paare: zwei durch Bindestrich verbundene, gemeinsam verwendete Worte.
- Switchword-Sätze: drei oder mehr gemeinsam verwendete, durch Bindestriche miteinander verknüpfte Switchwords.

Switchword-Paare und -Sätze kombinieren die Worte aus diversen Themenbereichen. (Ich möchte in diesem Zusammenhang darauf hinweisen, dass die Listen zu den einzelnen Themenbereichen nicht vollständig sind; siehe dazu das Verzeichnis der Switchwords sowie die Hinweise in dem Kapitel »Weiterführende Literatur und Links«.) In diesem Kapitel sind zudem Tipps, Techniken und Fallbeispiele eingestreut. Letztere zeigen, wie Switchwords bei vielen Menschen mit sehr unterschiedlichen Bedürfnissen und Wünschen Veränderungen bewirkt, Probleme gelöst, Erfolge ermöglicht haben und Ideen und mehr haben entstehen lassen.

Experimentiere!

Switchwords kannst du wie gesagt nach deinem Belieben zu Paaren oder Sätzen kombinieren. Eine bewährte Methode, mit dem Bilden von Sätzen anzufangen, besteht darin, sie mit ZUSAMMEN-GÖTTLICH zu beginnen und mit SEI-JETZT-GETAN zu beenden. Verkünde etwa, um Wohlstand anzuziehen: ZUSAMMEN-GÖTTLICH-SICHERHEIT-SEI-JETZT-GETAN. SICHERHEIT ist bekanntlich ein Switchword, das Geld herbeischafft. Rezitiere, um Liebe zu erhalten, ZUSAMMEN-GÖTTLICH-LIEBE-ZAUBER-SEI-JETZT-GETAN. LIEBE bringt Liebe, ZAUBER erfüllt deinen Herzenswunsch.

Ich möchte allerdings erwähnen, dass Switchword-Sätze nicht unbedingt erforderlich sind. Verwende das, was sich für dich intuitiv richtig anfühlt. Bereits ein einzelnes Wort hat eine große Macht. Fang mit ZUSAMMEN an.

Das Meister-Switchword ZUSAMMEN

ZUSAMMEN ist das »Meister-Switchword« für alles, weil es »Selbstzusammengehörigkeit« erzeugt: Es richtet dein unbewusstes und dein bewusstes Selbst auf deine Ziele aus, sodass du erfolgreich das anziehen kannst, was du haben möchtest. Das Chanten von ZUSAMMEN lässt auch Selbstwahrnehmung entstehen, sodass du alle verborgenen Blockaden, die die Verwirklichung deiner Wünsche verhindern, spürst und verstehst.

Mach ZUSAMMEN zum Mantra, indem du dieses Switchword wieder und wieder schnell und ohne Pausen zwischen den Worten sprichst. Versuch es mit zehnmal, einer
traditionellen Anzahl von Mantra-Wiederholungen (siehe
dazu das Unterkapitel »Warum 10, 28 oder 108 Wiederholungen?« in der Einleitung).

Geld

Geld ist ein Energiefluss. Die Haltung, die wir gegenüber dem
Geld haben, kann es anziehen oder uns in einem Zustand der
Entbehrung halten. Betrachte dich als jemanden, der von Na-
tur aus Geld verdient hat, ohne irgendwelche Vorbedingungen
erfüllen zu müssen. Mit Vorbedingungen meine ich die
»Wenns«, die Schranken setzen (»Wenn ich noch härter arbei-

te …«, »Wenn ich gut bin …«, »Wenn ich meine Lottozahlen erneut ändere …«).

Kannst du dir vorstellen, wie du mit mehr Geld lebst? Überleg dir ganz genau, was dir Geld bringt, und stell dir alles detailliert vor.

Die folgenden Switchwords schalten eine »innere Reichtums-Einstellung« ein. Achte, wenn du sie chantest, auf alle negativen Gedanken, die in dir aufsteigen. Die Switchwords zeigen dir die Blockaden, die du bearbeiten musst, damit das Geld zu dir hin statt von dir wegströmen kann.

Universelle Switchwords:
FINDEN: Dient der Anhäufung von Wohlstand oder hilft dabei, etwas Wertvolles aufzuspüren; das Reichtums-Switchword.
SICHERHEIT: Bringt Geld, einen merklichen Einkommenszufluss.
LÖSCHEN: Tilgt Schulden.
SCHNITT: Drosselt die Ausgaben.
GROSSZÜGIGKEIT: Fördert die Freigebigkeit, regt den Geldfluss an.
AUSDEHNEN: Verlängert eine Glückssträhne.

Offene Switchwords:
BINGO: Hilft zu gewinnen.
GELDREGEN: Bringt einen unverzüglichen Gewinn, eine Auszahlung oder eine Prämie; bewirkt einen Vermögenszuwachs.

Experimentelle Switchwords:
MAIS: Holt Reichtum herbei.
CHAMPION: Lässt eine gute Investition finden.

Switchword-Paare:
ARMUT-BEENDEN: Dient der Begleichung von Schulden, beseitigt ein Armutsbewusstsein und lässt Geld hereinkommen.
ZUSAMMEN-SCHLIESSEN: Beendet einen Streit ums Geld.

Switchword-Sätze:
FÜGE-SICHERHEIT-HINZU: Vermehrt das vorhandene Geld.
FINDEN-GÖTTLICH: Zieht ein finanzielles Wunder an, findet einen Schatz.
ZUSAMMEN-SICHERHEIT: Zieht für ein Team Wohlstand an.
FINDE-GÖTTLICHE-SICHERHEIT: Ermöglicht ein merkliches Vermögen oder Einkommen.

Probier es auch mit den weiter unten erläuterten Switchwords ERREICHEN, AN, GETAN, AUSRICHTEN.

FINDEN ist das Glücks-Switchword. Nadja verwendete FINDEN bei dem Versuch, ihre Finanzen aufzubessern. FINDEN ist das SWITCHWORD, um ein Vermögen oder sonst etwas zu finden, was für dich wertvoll ist. Nadjas E-Mail kam, nur wenige Stunden nachdem ich sie eingeladen hatte, sich meiner Switchword-Gruppe anzuschließen. Sie hatte noch nie von Switchwords gehört, aber beschlossen, sie sofort auszuprobieren, um ihre Finanzen aufzubessern.

Nadjas kleines Vermögen

»Der blanke Wahnsinn, Liz, was für ein System! Ich habe nachgesehen, mit welchem Switchword man ein Vermögen schafft (FINDEN), weil ich in letzter Zeit wirklich, wirklich arm bin und fast sofort einen ordentlichen Schuss Geld brauchte«, begann Nadja. »Wie auch immer, ich hab es heute gemacht, während ich unter der Dusche stand, und gerade eben noch mal, bevor ich meinen Kontostand überprüft hab. Hab nachgesehen, und es war eine ordentliche Rückzahlung nach der Steuererklärung überwiesen worden, die ich kürzlich eingereicht hatte. Es ist zwar noch kein Vermögen, aber genug, um diesen Monat erheblich einfacher über die Runden zu kommen, als es früher am Tag noch schien, während ich mit nur etwa einem Viertel des Betrags als Rückerstattung vom Finanzamt gerechnet hatte. Ich bin sehr, sehr dankbar und freu mich wahnsinnig! Ich habe Huna-Übungen gemacht, um zu meinem Unterbewussten zu sprechen, aber da waren Blockaden. Dies fühlt sich so viel einfacher und direkter an. Und es funktioniert! Also danke.«

SICHERHEIT ist das Switchword, mit dem man zu Einkünften kommen kann. Es zieht ein merkliches Einkommen an und vermehrt die zur Verfügung stehenden Mittel. Der Switchword-Autor Shunyam Nirav schlägt auch vor, einen genauen Wert zu SICHERHEIT hinzuzufügen, um eine bestimmte Summe zu erzielen. Sage, denke, chante oder klopfe SICHERHEIT und deinen gewünschten Betrag jeden Tag und sooft du kannst; beispielsweise: SICHERHEIT HUNDERT EURO – oder mehr!

Wenn du in der Vergangenheit das Gefühl hattest, beim Erwirtschaften von Geld blockiert zu sein, dann verstärke deine Switchwords, indem du ZUSAMMEN-GÖTTLICH voranstellst. Das mächtige Wort ZUSAMMEN bringt dein bewusstes und dein unbewusstes Selbst in Übereinstimmung und schaltet deine Manifestationskraft ein. GÖTTLICH bittet um ein Wunder. Beende deine Bitte mit SEI-JETZT-GETAN, das erzeugt Frieden, bringt die Dinge in Bewegung und bewirkt die bestmögliche Realisierung deines Geldwunsches.

Julias Erfolg mit FINDEN-GÖTTLICH

Julia befand sich in einer ernsten Notlage. Sie wartete seit zwei Monaten auf das Honorar für ihre freiberufliche Arbeit und drängte das Unternehmen, das es ihr schuldete, aber dieses hielt sie noch immer hin. Sie versuchte es mit SICHERHEIT und kombinierte dieses Switchword mit VERTRAUEN, aber nach einer weiteren Woche begann sie den Glauben zu verlieren, dass ihre Rechnung je bezahlt werden würde.

Angesichts von Julias bisheriger Erfahrung mit Geld – sie hatte nie genug gehabt, und dieser Mangel begann zu einer beständigen Belastung in ihrem Leben zu werden – schlug ich ihr vor, es mit ARMUT-BEENDEN zu versuchen, damit ihr dabei geholfen wurde, alle sie blockierenden Ansichten über Geld zu löschen. Außerdem empfahl ich ihr, diese Worte mental auch an das Unternehmen zu schicken, das ihr das Honorar schuldete. So sollte dessen Hindernis aufgelöst werden, sie zu bezahlen. Sie chantete ein paar Tage lang ARMUT-BEENDEN, bis sie eine Veränderung ihrer Einstellung spürte. Dann probierte sie es mit ZUSAMMEN-FINDEN-GÖTTLICH. Die ausstehende Zahlung traf ein, und sie lächelte, als sie mir den Betrag nannte. »Es waren 440 Pfund«, sagte sie, »und 44 ist meine Glückszahl.«

Denjenigen von euch, die an Engel glauben, sei gesagt, dass 44 auch die GÖTTLICHE Zahl der Engel ist. Wenn wir die 44 sehen, erblicken wir ein Zeichen der Orientierung und des Schutzes.

BEENDEN und SCHNITT beseitigen negative Überzeugungs- und Gedankenmuster, die den Geldfluss behindern. Verwende sie *hinter* einem Wort, das deine Situation beschreibt, etwa ARMUT-BEENDEN.

Der Begründer des Switchwords GROSSZÜGIGKEIT James T. Mangan ließ dieses Wort auf die Münzen für seine »Nation of

Celestial Space«, seine Nation des Himmlischen Raums, eingravieren (siehe dazu »Anhang I: Der Ursprung der Switchwords«), weil es das Geld zirkulieren lässt und zur Freigebigkeit anregt. Es bewirkt auch, dass man seine Kleinlichkeit verliert, und dadurch GEBEN wir – ein weiteres Switchword für Großzügigkeit, das auch den Verkauf und die Werbung fördert (hierauf werde ich noch weiter unten eingehen).

Geld, Kreativität und Projekte

Brauchst du eine Erfolgsstrategie, musst du ein Problem lösen, benötigst du ein Netzwerk, musst du die Führung übernehmen, Ideen entwickeln und sie wirkungsvoll kommunizieren? Die folgenden Switchwords schalten deine Innovationskraft ein und erhöhen dein Erfolgspotenzial.

Kreatives Problemlösen

Universelle Switchwords:
ERREICHEN: Hilft beim Lösen von Problemen und fördert die Inspiration.
BRINGEN: Lässt wahr werden, was immer du willst oder brauchst, und erzeugt Motivation, Kreativität und Erfolg.
KICHERN: Versetzt dich in die Stimmung, etwas zu schreiben.
AN: Regt zu Ideen an, erzeugt eine sofortige Kreativität.
GETAN: Ermöglicht das Einhalten einer Frist.
AUF HALBEM WEGE: Lässt ein Ziel weniger mühselig erscheinen.
HANDELN: Ermöglicht eine klare Kommunikation.
RINGSHERUM: Verbessert die Perspektive.
ÖFFNEN: Öffnet dich für Inspirationen.

Offene Switchwords:
DURCHBRUCH: Unterstützt beim Entdecken und beim Einführen von Neuem.
LICHT: Inspiriert und hebt die Stimmung.

Experimentelle Switchwords:
KRONE: Dient dem kreativen Erfolg.
DREHEN: Vertreibt oder vermindert Negativität.

Switchword-Paare:
KICHERN-GETAN: Hilft, einen Abgabetermin für einen Text einzuhalten.
HALTEN-GETAN: Hilft, einen Abgabetermin einzuhalten, ohne an seiner Arbeit wesentliche Abstriche zu machen.

Switchword-Sätze:
AUFMERKSAMKEIT-BEURTEILEN-GETAN: Unterstützt den Abschluss einer gründlichen redaktionellen Arbeit.
ZUSAMMEN-ERREICHEN-KRONE-JETZT: Ermöglicht den sofortigen kreativen Erfolg.

ERREICHEN ist das Switchword für eine kreative Lösung. Es findet, was immer du brauchst – von einem verlorenen Gegenstand bis zu dem Wort oder dem Detail, an das du dich nicht erinnern kannst –, und hilft dir auch bei all deinen kreativen Projekten. Wenn du vor einer leeren Seite sitzt und feststeckst und dir nichts einfällt, überwindet ERREICHEN die Blockade. Wenn du dich unter Druck fühlst und bei deiner Arbeit keine Prioritäten setzen kannst, zeigt dir ERREICHEN, was du als Erstes tun musst, um die Blockade aufzuheben. Sage, denke, chante oder klopfe das Switchword und folge dem nächsten Impuls, den du verspürst.

Tipp: *Sag dreimal ERREICHEN*

Sag jetzt dreimal ERREICHEN. Füg einen Rhythmus oder einen Ton hinzu. Welches Bild taucht sofort vor dir auf? Lass deine Fantasie eine Minute lang schweifen. Vielleicht siehst du etwas oder dir fällt ein Lied oder eine Redewendung ein, durch die ERREICHEN in einen neuen Zusammenhang gestellt wird. Schreib es nieder oder skizziere das Bild, das du siehst, und platziere das Blatt mit deinen Notizen oder deiner Skizze dort, wo du es sehen kannst, wenn du etwas ERREICHEN musst – leg es neben deine Tastatur oder hefte es neben den Badezimmerspiegel oder an den Kühlschrank.

Beachte, dass du hier nicht aufgefordert wirst, irgendetwas aktiv zu visualisieren. Das würde möglicherweise den Prozess stören, weil du dann dem Wort ein Bild aufzwingen und eine bewusste Aktivität einbringen würdest, statt es deinem Unbewussten zu überlassen, seine Arbeit zu tun.

Laura ließ es zu, dass auf natürliche Weise ein Bild in ihr aufstieg, und betrachtete das Bild als Möglichkeit, ihre Übung zu unterstützen. Wenn wir mit dem Unbewussten arbeiten, steigen Bilder in uns auf, die Sinne werden angeregt, und wir beginnen, mehr wahrzunehmen. Switchwords helfen uns, aus Denkmustern herauszukommen, die unsere Kreativität blockieren, denn sie sprechen unser Unbewusstes direkt an und bringen uns in Einklang mit der uns innewohnenden Kraft, etwas zu erschaffen.

BRING es HERBEI! Der Autor Isaiah Hankel verrät in seinem Buch *Black Hole Focus* ein machtvolles Wort, das er selbst immer wieder nutzt, um beruflich motiviert zu werden: BRINGEN. Er beschreibt es eher als Mem (siehe dazu das Unterkapitel »Wie funktionieren Switchwords?« in der Einleitung) denn als Switchword, aber seine Beschreibung gibt die Wirkung von Switchwords wieder. In seiner Rolle als Anwendungswissenschaftler berichtet er, BRINGEN sei »zur Antwort von jedermanns Problemen geworden. Was machen wir, wenn die Stimmung schlecht ist? Bringen. Was machen wir, wenn bei einer Bestellung etwas durcheinandergebracht wurde? Bringen … Die Menschen begannen, mehr miteinander zu kommunizieren. Die kreative Energie von allen floss.« Hankel beschreibt dann, wie seine Kollegen das Wort in ihre Namen integrierten, es in der Unternehmenskultur verankerten. »Nach ein paar Monaten hatte jeder einen anderen Bringen-Namen. Es gab einen Steve Bringfontaine, einen Bringen Kong … und Arnold Schwarzebringer. In meinem eigenen Leben nutze ich dieses Wort weiterhin, um meine Konzentration auf bestimmte Dinge aufrechtzuerhalten.«

Als wirkungsvolles Switchword-Paar gehört BRING-HERBEI bereits zu den üblichen Anwendungsworten zur Förderung von Motivation, Energie und Maßnahmen.

KICHERN gehört zu meinen Favoriten, weil es beim Schreiben hilft. Ich habe dieses von James Mangan stammende Juwel unter den Switchwords schon vielen Kollegen mitgeteilt. Es funktioniert wirklich – vor allem an den Tagen, an denen man unbedingt etwas aufs Papier bringen muss, aber alles andere lieber tun würde, als sich dieser Aufgabe zu widmen.

Ich glaube, dass der Grund für die Wirkkraft von KICHERN darin liegt, dass das Wort uns wieder mit dem spielerischen Aspekt der Kreativität verbindet, über den wir als Kinder lernten, kreativ zu sein. Durch Spielen erforschten und entdeckten wir voller Neugier und Staunen die Welt, und durch von jeder Beurteilung freies Ausprobieren lernten wir. In der Erwachsenenbildung beginnen viele Workshops mit einem spielerischen Aspekt, meist als Einstiegsaufgabe oder Auflockerung, um den Teilnehmern dabei zu helfen, mit ihren spielerischen Fähigkeiten in Kontakt zu treten und sich authentisch zu einer Gruppe zu verbinden. Die Spiele helfen uns, die Rollen fallen zu lassen, die wir im Alltagsleben übernommen haben, und erinnern uns, wie es sich anfühlt, kindlich und frei zu sein. Das Prinzip ist dasselbe: Wenn wir spielen, kommunizieren wir unsere Ideen ohne Angst vor einer Bewertung – eine wesentliche Blockade für Kreativität.

Sprich, denke, chante oder klopfe KICHERN, und wenn du magst, kichere vor dich hin und setz das Wort auf diese Weise um, sodass dein Unbewusstes es als reale Erfahrung wahrnimmt. KICHERE, wenn du deinen Computer oder Laptop anschaltest oder zum Stift greifst. KICHERE, wenn du zeichnest, fotografierst, etwas sammelst, backst oder gestaltest. KICHERN scheint übrigens bei anderen Arbeiten ebenso unterstützend zu wirken wie beim Schreiben.

Wenn du etwas Schönes herstellen willst, probier es mit BIEGUNG. Als Hilfe bei der ästhetischen Gestaltung – von einer eleganten Innenausstattung über die Auswahl der Farben für die Wände und das Dekorieren von Torten bis zur Herstellung von Möbeln, Kleidung oder Schmuck – klappt es mit diesem Wort gut.

AN erfüllt deine Ideen mit Energie und lässt sie wahr werden. AN ist auch das Switchword für Mobilität, und es schaltet deine Projekte für die nächste Ebene AN. Außerdem hat es die Bedeutung von »weitermachen«.

Tipp: *Schalt dein Projekt AN*
Hier eine Möglichkeit, AN zu nutzen, wenn du ein Projekt auf den Weg bringen willst: Sprich, denke, chante oder klopfe den Namen deines Projekts und füge AN hinzu. Verstärke dies durch das Meister-Switchword ZUSAMMEN, indem du folgenden Switchword-Satz konstruierst: ZUSAMMEN-[Projektnamen]-AN.

GETAN ist das Switchword zum Einhalten von Terminen. Füg deinen Switchword-Sätzen GETAN hinzu, um deine Arbeit rechtzeitig zu einem Abgabetermin beendet zu haben.

AUF HALBEM WEGE verkürzt die Dauer einer Fahrt. Es hilft auch, einen Endtermin als einhaltbar zu betrachten, und lässt die zurückzulegenden Strecken nicht so weit erscheinen.

Tipp: *Füge Fertigstellungstermin hinzu*
Du kannst das Datum deines Fertigstellungstermins einbeziehen, indem du seine Ziffern verwendest. Wenn du also ein Projekt hast, das du, sagen wir, als »Projekt 1« bezeichnest und das am 1. Januar 2022 beendet sein muss, kannst du deinen Switchword-Satz folgendermaßen formulieren: ZUSAMMEN-PROJEKT-EINS-ERSTER-ERSTER-ZWEIUNDZWANZIG-GETAN.

GETAN funktioniert, weil es den Wunsch in die Vergangenheit verschiebt und ein vollständiges Vertrauen unterstellt, dass alles, was getan werden muss, sofort erledigt wird. Auf einer energetischen Ebene ist es bereits GETAN. Die in der Vergangenheitsform abgefasste Bitte schwingt mit anderen Manifestationstechniken mit, weil sie die Zukunft vorwegnimmt und ins Jetzt verlegt.

Dadurch wird eine Zeitschleuse aktiviert, die sich in dem Moment öffnet, in dem wir GETAN sagen, denken, chanten oder klopfen.

Sei dir jedoch bewusst, dass eine Terminierung bei allen Manifestationstechniken mit Vorsicht zu behandeln ist. Sei dir über den Grund klar, warum du deiner Bitte einen Endtermin hinzufügst. Willst du das Universum auf die Probe stellen, oder handelt es sich wirklich um den Termin, den du einhalten musst? Das Universum reagiert auf das, was du wirklich brauchst, und nicht auf das, was du zu brauchen glaubst. Also sei offen dafür, wie sich irgendein Terminwunsch möglicherweise entwickelt.

Tipp: *Füge ERREICHEN hinzu*
Ergänze deinen Switchword-Satz um ERREICHEN, um so inspiriert zu werden, dass das Projekt GETAN werden kann.

Persönliche Stärkung

Universelle Switchwords:
AUSRICHTEN: Hilft, mit Problemen wirkungsvoll umzugehen und Unsicherheiten zu vertreiben.
ERMUTIGEN: Verwandelt einen Rückschlag in einen Aufschwung.
MONA LISA: Lässt dich lächeln und hebt die Stimmung.
TU ES, JETZT und HILFE: Stoppen das Hinausschieben.
WEGDUCKEN: Verhindert Überempfindlichkeit.
LOSLASSEN: Ermöglicht eine charismatische Ausstrahlung.
WIEDERHERSTELLEN: Unterstützt die Wiedergewinnung von Selbstvertrauen, nachdem man gemobbt wurde, und verschafft persönliche Gerechtigkeit.
SCHWUNG: Ermutigt, ein Problem anzupacken.
HINAUF: Fördert Selbstvertrauen und Zuversicht.

Offene Switchwords:
ERRATEN und JA!: Beenden das Hinauszögern.
FLÜGEL: Erhebt über Druck und Zwänge.
WOLF: Hilft, selbstbewusst zu entscheiden.

Experimentelle Switchwords
GOLD: Ermöglicht es, unter Druck und Zwang zu gedeihen.
HALTEN: Hilft bei einem Gefühl der Gefährdung, die persönlichen Grenzen zu bewahren.

Switchword-Paare:
ZUSAMMEN-AUSRICHTEN: Stärkt das Vertrauen in einer Gruppe und hilft, gemeinsam voranzuschreiten.
WIEDERHERSTELLEN-JETZT: Bringt zu sich selbst zurück und verschafft wieder inneren Frieden.

Switchword-Satz:
ERRATEN-JETZT-SEI-GETAN: Beendet das Hinauszögern, ermöglicht es, voranzugehen und mit seinem Urteil im Reinen zu sein.

AUSRICHTEN ist ein anderes Wort für »Stimmung« oder »Gleichgewicht« und sorgt dafür, dass man die Ruhe – oder seinen Gleichmut – bewahrt. Genauso müssen wir reagieren, wenn wir mit Druck und Zwängen konfrontiert werden, um eine Entscheidung treffen oder ein Problem lösen zu können. Sprich, denke, chante oder klopfe AUSRICHTEN in dem Moment, in dem du das Gefühl hast, dass dir eine Situation aus dem Ruder läuft, und tu es in dem absoluten Vertrauen darauf, dass es funktioniert.

AUSRICHTEN verbindet sich mit dem »Justieren«, wie es etwa geschieht, wenn man einen Fernsehsender einstellt oder ein Musikinstrument stimmt, sodass man einen perfekten Empfang oder Klang hat. Auf diese Weise passt AUSRICHTEN unsere Perspektive an und klärt hinderliche innere Einstellungen. Es regt zum Engagement und zum Präsentsein an. Probier es mit diesem Switchword, wenn dich etwas anödet. Um denen ohne Verdruss zuhören zu können, deren Meinung du nicht teilst, füge BEENDEN hinzu (BEENDEN-AUSRICHTEN). AUSRICHTEN hilft uns auch, uns sicher zu fühlen. Daher ist es ein hervorragendes Switchword, das du in Anspruch nehmen solltest, wenn du Sicherheit benötigst und mental ebenso wie emotional einen festen Boden unter den Füßen brauchst.

ERMUTIGEN ist das Power-Switchword – das die Fruchtpresse anschaltet, um aus sauren Zitronen leckere Limonade machen zu können oder, wie James Mangan es formuliert, »um einen Rückschlag in einen Aufschwung zu verwandeln«. Füge AN hinzu, um schnelle Ergebnisse zu erzielen: ERMUTIGEN-AN.

MONA LISA ist das Switchword, das dich lächeln lässt und deine Stimmung hebt. Andrew Newberg und Robert Waldman erklären in ihrem Buch *Die Kraft der Mitfühlenden Kommunikation. Wie Worte unser Leben ändern*: »Wir wissen, dass Lächeln eine sehr machtvolle Geste ist; wir haben eine Forschungsstudie zu unterschiedlichen Symbolen durchgeführt, und das Symbol, dem der höchste emotionale Inhalt beigemessen wurde, war das Smiley-Gesicht. Das Gemälde der Mona Lisa ist ein besonderes Beispiel für dieses Gefühl der Ruhe.« Sag MONA LISA, und schon lächelst du.

Führung

Universelle Switchwords:
NEHMEN: Lässt dich führen.
GÖTTLICHE ORDNUNG: Bringt alles perfekt in die Reihe und lässt aus Chaos wieder Ordnung entstehen.
HANDELN: Hilft dir, zum guten öffentlichen Redner zu werden.
HINZUFÜGEN: Fördert den Erfolg.
FORTFAHREN: Unterstützt die Ausdauer.
PFERD: Lässt stark und leistungsfähig werden.
LOB: Bringt Lob von anderen ein.
STELLEN: Hilft dabei, etwas aufzubauen oder zu entwickeln.

Offenes Switchword:
VOLL DABEI: Erzeugt einen wunderbaren Erfolg, einen Durchbruch.

Experimentelles Switchword:
KRONE: Bewirkt Erfolg.

NEHMEN knipst den Führungsschalter ein und hilft, in Gruppen und bei der Entscheidungsfindung eine Richtung zu finden und sich auf bestimmte Dinge zu konzentrieren. Es beseitigt die Zögerlichkeit.

GÖTTLICHE ORDNUNG bringt alles an seinen Platz – so, wie es sein sollte. Bei der Arbeit hilft dir dieses Switchword, klar zu sehen, was du als Nächstes tun musst, um Erfolg zu haben. Der Switchword-Autor Shunyam Nirav erklärt: »Jedes Mal, wenn du irgendetwas aufräumen oder organisieren musst, wiederhol einfach im Stillen das Switchword GÖTTLICHE ORDNUNG, und dann folge einfach deinen Impulsen und tu das, wozu sie dich anleiten. Das lässt alle anstehenden Aufgaben so leicht wie nur möglich werden.«

GÖTTLICHE ORDNUNG funktioniert auch, wenn man seine Sachen für eine Reise packen muss oder wenn man sein Zuhause oder seinen Arbeitsplatz aufräumen will. Es kann ferner für alle Aufgaben eingesetzt werden, die etwas mit der Wiederherstellung der natürlichen Ordnung zu tun haben, einschließlich der Gartenarbeit. Shunyam Nirav ergänzt: »Wenn Sie kleine Kinder haben, werden Sie vielleicht sehr dankbar für dieses Switchword sein.« Auf ähnliche Weise hilft GÖTTLICHE ORDNUNG Managern bei der Führung von Mitarbeitern.

Verkauf, Werbung und Marketing

Universelle Switchwords:
ERREICHEN: Hilft dabei, nach etwas zu greifen, kreativ zu sein und etwas zu erfinden, Inspirationen zu bekommen, Probleme zu lösen, die richtigen Worte zu finden.
GEBEN: Erleichtert es, etwas zu verkaufen sowie großzügig und hilfreich zu sein.
ALBERN: Macht Werbung erfolgreich und verschafft öffentliche Aufmerksamkeit.
FÜR: Beflügelt Werbung.
PERSÖNLICH: Ebnet den Weg, um mit Erfolg eine Website, einen Newsletter oder einen Blog einzurichten.
ABSCHNITT: Hilft beim Festlegen von Terminplänen für Werbemaßnahmen.
PLANEN: Unterstützt bei Entwürfen, Werbemaßnahmen und bei der Herstellung von Dingen.
ZEIGEN: Lässt aufrichtig sein.

AUSKLÜGELN: Ermöglicht es, ein erfolgreiches Magazin heraus-
zubringen, und steigert den Erfolg.
WINZIG: Lässt dich freundlich und zuvorkommend sein.

Switchword-Paar:
PLANEN-ALBERN: Fördert die Produktion und den Verkauf;
das Switchword für Unternehmer.

Switchword-Satz:
ZUSAMMEN-ERREICHEN-ALBERN: Unterstützt die kreative
Werbung im Team.

ERREICHEN vermittelt deine Botschaft. Als ich *Kindred Spirit*
mit ins Leben rief, das führende, alle zwei Monate erscheinende
spirituelle Magazin im Vereinigten Königreich, erhielten wir
Hunderte E-Mails von amerikanischen Werbeleuten, die dieses
Wort im Englischen verwendeten. Wir lasen solche ERREICHEN-
E-Mails immer, weil sie uns über die ersten zwei Zeilen hinaus zu
einem echten Anliegen zu führen schienen, als würden sie sagen:
»Lass mich hier eine wirkliche Verbindung zu dir aufbauen.« ER-
REICHEN öffnet die Türen zu uns.

GEBEN war das nächste auffallende Switchword, das in diesen
E-Mails auftauchte, beispielsweise in: »Ich versuche, Sie auf diesem Wege zu ERREICHEN, um Ihnen die Gelegenheit zu GE-
BEN, die bahnbrechende Arbeit von … zu entdecken.« GEBEN ist
eines der verkaufsfördernden Switchwords. Indem sie ERREI-
CHEN mit GEBEN verbanden, riefen die Schreiber, wahrscheinlich ohne dass es ihnen bewusst war, zwei mächtige Switchwords
auf, um ihre Botschaft rüberzubringen. Und es klappte. Wir lasen
und beantworteten mehr von diesen als von allen anderen

E-Mails. Wenn du also für eine Veranstaltung werben, Plätze in einem Workshop verkaufen oder einfach irgendjemanden um Hilfe bitten willst, versuch in irgendeiner Form ERREICHEN und GEBEN in deine Kommunikation mit anderen einzubinden.

ALBERN ist das Switchword zum Erregen öffentlicher Aufmerksamkeit. Das Lesen oder Sprechen von ALBERN hellt die Stimmung auf, lässt die Verbissenheit beim Verkaufen weichen und ermöglicht es, eine spielerische Haltung einzunehmen, womit sich Kunden leichter packen lassen.

Tipp: *Bau Beziehungen mit ZUSAMMEN auf*
Laut Switchword-Begründer James T. Mangan ist die Verwendung des Meister-Switchwords ZUSAMMEN ein vorzüglicher Weg, um geschäftliche Beziehungen aufzubauen oder etwas zu verkaufen. Denk ZUSAMMEN, wenn du einen Kunden vor dir hast; chante oder klopfe ZUSAMMEN, bevor du an einem wichtigen Meeting teilnimmst; verwende es, um dich in einem Vorstellungsgespräch oder bei einer Präsentation gut rüberzubringen und darzustellen.

Wie Switchwords im Marketing funktionieren

Diane Boerstler ist Gründerin von NLP HypnoCopy und äußerst erfolgreiche Direktmarketing-Texterin, die mit Geschäftsinhabern, Coaches und Unternehmern arbeitet, um ihre Geschäfte durch die Verwendung von Switchwords auszubauen, die zu Onlinekäufen anregen.

Ich schrieb Diane, weil mir aufgefallen war, dass sie in einer ihrer Marketing-E-Mails ein paar Switchwords verwendet hatte. Diane ist NLP-Praktikerin, und ich wusste, dass NLP-Marketingleute »magische Worte« verwenden, von denen bekannt ist, dass sie hohe Rücklaufquoten bei den Kunden auslösen. Aber die Worte, die ich bemerkt hatte, waren ungewöhnlich für Marketing-E-Mails. Sie fügte WINZIG und SÜSS in ihre Texte ein, die sich von anderen Kaufanreizen abhoben, die wir sonst auf Websites lesen (zum Beispiel »Letzte Gelegenheit«, »Kaufen Sie jetzt«, »Reichhaltig«, »Sofort«). Verwendete Diane auch Switchwords zu Werbezwecken?

Hier ein Auszug aus einer E-Mail, die ich von NLP HypnoCopy bekam. Sie enthält die beiden universellen, fett gesetzten Switchwords, die bei 95 bis 100 Prozent aller Menschen bestimmte Schalter umlegen.

Hi Liz Dean,
»Ich würde gern Ihr … kaufen …«
»Ich würde Sie gern dafür bezahlen, dass …«
»Ich würde Sie gern engagieren, damit Sie …«
»WÜRDEN SIE MIR BITTE DIE RECHNUNG SCHICKEN …?«

(Oder, noch besser, Sie bringen sie dazu, Sie jetzt Geld verdienen zu lassen, indem sie sofort auf Ihrer Website etwas kaufen.)
Malen Sie sich aus, dass Sie mehr davon in Ihrer E-Mail sehen …
Durch Ihre **WINZIGE** Liste (wie Sie sehen, verschicke ich es nur an eine **WINZIGE** Auswahlliste mit 208 Teilnehmern) werden Sie mehr und mehr und mehr Geld hereinströmen sehen, da Ihre Liste größer und größer und größer wird!

Nun HÖREN SIE AUF, sich den Verkauf vorzustellen, den Sie erleben werden, und unternehmen Sie etwas!

Seien Sie einer der ersten zehn Menschen, die mir antworten: »Ja, Diane, bitte beschaffen Sie mir dreimal so viele Leute, die sich auf meiner Liste eintragen, weil sie glauben, was ich sage, und die meine Produkte und Dienstleistungen SCHNELL kaufen.« Und hier ist nur ein **SÜSSER** Vorgeschmack dessen, was Sie erhalten werden …

WINZIG ist das Switchword für Zuvorkommenheit, SÜSS das Switchword für Freundlichkeit.

Diane bestätigte, dass sie ganz bewusst Switchwords in ihre Marketingtexte einbaut und dass sie ihre eigene Liste mit »stark überzeugenden Switchwords« hat, die Kunden dazu bringen, ein Produkt oder eine Dienstleistung zu kaufen. »Denn«, so erklärt sie, »wenn Switchwords vom Kunden gelesen werden, beeinflussen sie den Kunden genauso, wie die Switchwords Sie beeinflussen.« Sie verwendet Switchwords, um ihr Unternehmen und ihre Klienten voranzubringen, und hat festgestellt, dass sie den Verkauf um bis zu 300 Prozent steigern.

Die magische Marketing-Switchword-Liste

Dianes nachfolgende Liste mischt universelle Switchwords (die bei 95 bis 100 Prozent aller Menschen wirken), offene Switchwords (die bei 50 bis 94 Prozent aller Menschen funktionieren) und persönliche Switchwords oder solche, die bei Einzelpersonen wirken (siehe dazu Kapitel 4).

ABSCHRECKEN	ALLEIN	AUFDECKEN	AUFSTEIGEN
BEENDEN	BEFREIEN	BEGEISTERT	BEGINNEN
BLITZ	BONUS	DURCHBRUCH	EILE
EINFACH	ENGAGIEREN	ENTFERNEN	ERSTAUNLICH
ERZEUGEN	FALLEN LASSEN	FELL	FILTER
FUNKE	GELDREGEN	HELD	HÖCHSTES
IMMUNITÄT	JA!	JACKPOT	KAPITULATION
KATALYSATOR	KRISTALL	LEIDENSCHAFT	LEITUNG
LICHTBLITZ	MEISSEL	PFEIL	PLANEN
PLÖTZLICH	POTENZIAL	PUFFER	REFLEKTIEREN
REICHLICH	SAMMELN	SCHLÜSSEL	SCHNAPPEN
SIEG	STECKER ZIEHEN	SUCHE	TRIUMPH
VERFOLGEN	VERTRAUEN	WACHSAM	WÄHLEN
WANDELN	WUNDER		

Diane skizzierte in einem Beispiel, auf welche Art sie ihre magischen Marketing-Switchwords in ihre Texte einwebt (fett gedruckt). Du kannst es als Anregung für das Verfassen jeder Art von Werbetexten für dein Produkt oder deine Dienstleistung verwenden:

> **Erzeuge** schnell einen **reichlichen Geldregen**, der sich direkt auf dein jubilierendes Bankkonto ergießt.
> **Verwandle** durch die Deaktivierung der unbewussten Blockaden deiner Möglichkeiten sofort ein Nein in ein **Ja!**

Ermögliche, dass die Leute in deiner Gruppe ihre Befürchtungen wie selbstverständlich **fallen lassen**, sag »Ich bin **voll dabei**« und erlaube ihnen, mit dir als einfühlsamem **Vermittler** einen phänomenalen **Durchbruch** zu erleben.

Beende leichtfüßig das Gefühl, dass sie **allein** sind, und **bring** sie mit dir **zusammen**.

Werde **kristallklar** und **wachsam** hinsichtlich der Gründe, warum sie das **wählen** müssen, was du anbietest.

Lass es zu, dass du **fortfährst**, dich mit ihren Belangen zu identifizieren, und werde der Wind unter ihren **Flügeln**, indem du sie unterstützt, während sie beginnen, am Rad der **Veränderung** zu drehen.

Befreie sie überhaupt von früheren Fehlern, sodass sie anfangen können, **begeistert** zu sein und dich als **Katalysator** für einen **Wandel** zu **engagieren**.

Tipp: *Schreib irgendeinen Switchword-Werbetext*
Versuch, wenn Verkauf und Werbung zu deinem Beruf gehören, Dianes Switchwords in der magischen Marketing-Switchword-Liste sowie beliebige offene oder universelle Switchwords in deine E-Mails oder in deine Werbetexte einzubauen.

Eine neue Stelle finden

Universelle Switchwords:
SICHERHEIT: Verschafft ein anständiges Einkommen.
AUFTRETEN: Ermöglicht eine tolle Selbstdarstellung und selbstbewusstes Reden.
RINGSHERUM: Erzeugt Durchblick und lässt das große Ganze erkennen.

BLUFF: Löst Nervosität und Ängste auf.

BRINGEN: Hilft dir, die Stelle zu bekommen, die du dir wünschst.

ZAUBER: Erfüllt dir deinen Herzenswunsch.

ZUDECKEN: Verbirgt deine Nervosität während eines Bewerbungsgesprächs.

PFERD: Verleiht Kraft und Stärke.

ALBERN: Unterstützt die Eigenwerbung und erleichtert es dir, dich zu verkaufen.

WINZIG: Lässt dich freundlich und zuvorkommend sein.

ZUSAMMEN: Befähigt dich, während eines Bewerbungsgesprächs ein gutes Verhältnis zu deinem Gesprächspartner aufzubauen.

MIT: Macht dich sympathisch und lässt dich gut mit anderen klarkommen.

Switchword-Paar:
ALBERN-ZAUBER: Stützt deine Eigenwerbung und lässt dich so die Stelle bekommen, die du dir am meisten wünschst.

Switchword-Satz:
BRINGEN-LICHT-ZAUBER: Verschafft dir Gelegenheiten, die erfüllende Arbeit zu finden, die du ausüben möchtest.

SICHERHEIT ist eines der Geld-Switchwords. Wenn du es sprichst, denkst, chantest oder klopfst, zieht es Geld in deine Richtung an, indem es dir Wege eröffnet, Geld durch neue Arbeitsmöglichkeiten zu verdienen.

Wenn du dich auf eine bestimmte Stellenausschreibung bewirbst, wähle die Switchwords, die am besten die Werte zum Ausdruck bringen, die du vermitteln willst (such sie dir aus den oben aufgeführten Switchwords oder aus dem Verzeichnis der Switchwords am Ende dieses Buches aus), und rezitiere oder denke sie, bevor du dich bewirbst. Du kannst die Worte auch über einem Glas oder einer Flasche Wasser rezitieren und anschließend daran nippen, während du dein Bewerbungsschreiben verfasst, damit die Schwingungen der Worte weiter übertragen werden (in Kapitel 5 gehe ich noch näher darauf ein). Wenn Teamarbeit zu den zentralen Anforderungen der Stelle gehört, dann probiere MIT aus, das die Zusammenarbeit fördert und dich sympathisch macht. Sind Führungsqualitäten gefragt, denke PFERD, um Kraft und Stärke zu vermitteln. RINGSHERUM strahlt deine Fähigkeit aus, ein Unternehmen oder eine Organisation im Gesamtzusammenhang zu sehen, und bringt zum Ausdruck, dass du ein Stratege bist.

Tipp: *Pepp deine Bewerbung auf*

Wenn du Switchwords denkst oder sie auf Materialien oder Gegenstände schreibst, die etwas mit deiner Bewerbung zu tun haben, stärkt dies deinen Wunsch nach einer erfüllenden Arbeit und hilft dabei, diese Arbeit zu dir zu bringen. Bevor du einen Lebenslauf oder ein Bewerbungsschreiben auf eine Stellenanzeige abschickst oder auf einen neuen Kunden zugehst, mach den oben beschriebenen Fingertest, um das richtige Switchword oder den geeigneten Switchword-Satz durch Austesten zu finden. Versuch es beispielsweise mit ALBERN-ZAUBER, um für dich selbst zu werben und sicherzustellen, dass deine Bewerbung wahrgenommen und gelesen wird. ZAUBER bringt dir die Stelle, nach der du dich sehnst.

Ausbildung, Forschung und Prüfungen

Hier sind die Power-Worte, die du für eine akademische Ausbildung benötigst. Sie werden dir dabei helfen, deine Konzentration zu verbessern, die zentralen Fakten abzuspeichern, Endtermine zu halten und letztlich deine Arbeit zu erledigen, ohne dass du dich ablenken lässt.

Universelle Switchwords:
ALS NÄCHSTES: Ermöglicht es, sich durch eine Menge detaillierter, sich wiederholender Aufgaben zu arbeiten.
AUFMERKSAMKEIT: Hilft dabei, die Details zu beachten und Nachlässigkeiten zu vermeiden.
BEHÜTEN: Erleichtert es, sich zu erinnern und Informationen im Gedächtnis zu behalten.
GETAN: Macht es leicht, einen Endtermin zu halten.
AUF HALBEM WEGE: Lässt ein Ziel erreichbar erscheinen.
BEURTEILEN: Versetzt in die Stimmung, etwas lesen und studieren zu wollen.
ABSCHNITT: Unterstützt das Aufstellen eines Zeitplans für Wiederholungen und Überprüfungen des Lehrstoffs.
ERREICHEN: Erleichtert das Abfragen von Informationen.
AUFPASSEN: Lässt dich neue Fertigkeiten und Techniken erlernen.

Offene Switchwords:
BINGO: Gibt die richtige Antwort und ermöglicht die richtigen Schritte (hilft auch bei Spielen und bei der Teilnahme an einem Quiz).
ERRATEN: Beendet die »Aufschieberitis« und das Hinauszögern von Arbeit.

Experimentelle Switchwords:
DURCHKOMMEN: Hilft dabei, eine Prüfung zu bestehen und ruhig zu bleiben.
DRANBLEIBEN: Erhält die Aufmerksamkeit und die Konzentration.

Switchword-Paare:
BEHÜTEN-ERREICHEN: Erleichtert es, zu lernen und sich bei Bedarf an etwas zu erinnern.
WIEDERHERSTELLEN-BEHÜTEN: Verbessert das Gedächtnis.
KICHERN-GETAN: Hilft beim Einhalten des Abgabetermins für einen Text.

Switchword-Satz:
AUFMERKSAMKEIT-ALS NÄCHSTES-GETAN: Lässt dich genau und pünktlich arbeiten.

BEHÜTEN ist das »Überprüfungs«-Switchword. Dazu Switchword-Autor Shunyam Nirav: »Was dir wichtig ist, daran erinnerst du dich; wenn dir etwas nicht wichtig ist, erinnerst du dich auch nicht daran.« Er vergleicht BEHÜTEN mit dem »Speichern«-Befehl. Sag es, wenn du auf wichtige Fakten oder Aussagen stößt, an die du dich erinnern willst. Außerdem ist es ein hilfreiches Switchword, um sich an die Namen von bestimmten Personen erinnern zu können. Wiederhole den jeweiligen Namen stumm in Gedanken und füge BEHÜTE hinzu, etwa: JOHN-DOE-BEHÜTE.

Tipp: *Verwende ERREICHEN, um dich an Informationen zu erinnern*
So wie BEHÜTEN Informationen speichert, holt ERREICHEN Dinge zurück. Chante ERREICHEN, wenn du dich sofort an etwas erinnern musst.

ALS NÄCHSTES lässt dich eine detailreiche Arbeit erledigen, die langweilig oder belastend ist. Versuche es mit ALS NÄCHSTES, wenn du mit Kontrollen oder anderen geistigen Tätigkeiten beschäftigt bist, etwa dem Überprüfen von Fakten oder der Redaktion von Texten; ferner, wenn du dich durch Kostenpläne arbeitest oder deine lästige Steuererklärung machen musst.

DURCHKOMMEN ist ein experimentelles Switchword, das erfolgreich gegen Prüfungsangst angewendet wurde und eine beruhigende Wirkung zeigte.

Julies DURCHKOMMEN

Julie hatte nicht vor, ein Switchword zu finden, um mit ihrer Panik vor ihrem Examen fertigzuwerden. Aber ihr persönliches Switchword fiel ihr eines Abends ein, als sie sich frustriert fühlte und ganz besonders nervös war. Sie sah sich, wie sie ihr Examen machte – wie sie in den Prüfungsraum ging, sich die Prüfungsfragen ansah und zu schreiben anfing. Dann hörte sie das Wort DURCHKOMMEN. »Ich hörte es einfach weiter in meinem Kopf, also begann ich, es in Gedanken zu sagen. Es war nicht nur, weil ich durchkommen wollte – das Wort schien zu bewirken, dass ich ruhig blieb und weniger Panik empfand, wenn mich eine plötzliche Angst wegen des Prüfungstags überfiel. Ich rezitierte es vor dem Examen wie ein Mantra, dachte daran, wenn ich bei einer Frage feststeckte – und nach der Prüfung, als die Ergebnisse bekannt wurden, erfuhr ich, dass ich durchgekommen war.«

Beziehungen: Liebe und Freundschaft

Wir haben zahlreiche potenzielle Seelengefährten und echte Freunde; der Trick besteht darin, sie zu erkennen, wenn sie in unserem Leben erscheinen. Switchwords helfen, deine Schwingungen auf eine tiefere Ebene des Unbewussten zu verschieben. Auf diese Weise ziehst du die Menschen an, die jetzt zu dir passen, und bei einer bereits bestehenden Partnerschaft wird dadurch eure Verbindung verstärkt. Wenn du deine Worte sprichst, singst, chantest oder klopfst, gefällt es dir eventuell, dir ein rosa leuchtendes Licht vorzustellen, das dich umgibt und sich ausdehnt, während du deine Worte wiederholst.

Eine neue Beziehung herbeirufen

Universelle Switchwords:
ZAUBER: Erfüllt deinen Herzenswunsch.
BRINGEN: Zieht Liebe an und verwirklicht sie.
GEBEN: Macht dich emotional erreichbar.
SÜSS: Vermittelt einen guten Eindruck.
LOCH: Macht dich attraktiv und verleiht dir Charisma.
LOB: Hilft dir, dich schön und ansehnlich zu machen.
SCHMUNZELN: Unterstützt dich dabei, deine Persönlichkeit zu zeigen.

Experimentelle Switchwords:
LIEBE: Erzeugt Liebe und zieht sie an.
LEUCHTEN: Zieht eine besondere Aufmerksamkeit an und vertreibt eine negative Einstellung.

Switchword-Satz:

BRING-GÖTTLICHE-LIEBE-HERBEI: Lässt ein Wunder der Liebe geschehen, bringt dir deinen Seelenpartner.

ZAUBER ist das »Herzenswunsch«-Switchword. Es wirkt, wenn du dich auf ein Ziel konzentrierst, das du dir wahrhaftig wünschst, sei es eine neue Beziehung oder ein Kind. Wenn dein Wunsch aus tiefstem Herzen kommt und der Liebe und nicht einem oberflächlichen Bedürfnis entspringt, lässt ZAUBER die Möglichkeiten zur Erfüllung deines Wunsches entstehen.

 **Tipp:** *Das Switchword-Mantra, mit dem du eine neue Liebe anziehen kannst*

Chante folgende Sätze zehnmal und wiederhole dies morgens und abends, außerdem im Verlauf des Tages, sooft du kannst:

»Danke, dass du mir meine perfekte Liebe bringst. BRING-GÖTTLICHE-LIEBE-HERBEI.«

Der erste Satz bringt das Vertrauen zum Ausdruck, dass das Universum deiner Bitte entspricht. Der Switchword-Satz bittet darum, dass jetzt ein Wunder der Liebe geschehen möge.

Mit Beziehungsproblemen umgehen

Universelle Switchwords:

ZUSAMMEN: Dieses Meister-Switchword beschafft dir alles, was du willst. Es verstärkt die Wirkung anderer Switchwords, die gemeinsam mit ihm verwendet werden.

LANGSAM: Verleiht Geduld.

ZURÜCKSTELLEN: Beendet ein Schmollen.

NACHGEBEN: Beendet einen Streit.

SCHNITT: Verhindert, dass du etwas sagst, was du später bereust.

JUBELN: Beseitigt Eifersucht.

UMKEHREN: Hilft, einen Groll zu beerdigen und zu vergeben.

LOB: Stoppt die Suche nach Schuld.

VERGEBEN: Schafft Vergebung, beendet Feindseligkeiten oder das Bedürfnis nach Rache.

Offenes Switchword:
MUSIK: Verbindet in Liebe und Harmonie.

Experimentelle Switchwords:
LIEBE: Erzeugt Liebe und zieht sie an.

LENNON: Schlichtet und hilft, Liebe und Frieden zu finden.

Switchword-Paar:
NACHGEBEN-ENTFERNEN: Ermöglicht Vergebung, beseitigt schwelende negative Aspekte.

Switchword-Satz:
BEUGEN-NACHGEBEN-VERGEBEN: Hilft, vergangene Verletzungen loszulassen.

ZUSAMMEN, das Meister-Switchword, verbessert alle Beziehungen im Leben: Geschäfts- und Liebesbeziehungen sowie Freundschaften.

 **Tipp:** *Schaffe mit ZUSAMMEN eine erneute Verbindung*
Wenn du gemeinsam mit deinem Partner ZUSAMMEN chantest, verbindet ihr euch wieder mit eurem ganzen Selbst und stärkt die zwischen euch bestehende Bindung.

ZUSAMMEN hilft, das Gefühl des Voneinander-abgekoppelt-Seins zu beseitigen, und erlaubt es, dass alle Fragen, mit denen ihr euch befassen müsst, aufsteigen und sichtbar werden. Fügt AUFTRETEN hinzu und chantet den Switchword-Satz ZUSAMMEN-AUFTRETEN, um die Kommunikation zwischen euch zu verbessern.

UMKEHREN lässt Vergebung entstehen. Willst du einen Zwist beenden, jemandem vergeben oder die Vergangenheit auf irgendeine Weise loslassen? Bevor du es versuchst, überlege, ob du vergeben kannst und es auch tust. Selbst wenn du die Beweggründe des Menschen nicht verstehen kannst, der dich verärgert hat, gibt es dennoch Gründe zu vergeben (dir zuliebe). Denn dann kannst du damit aufhören, Energie darauf zu verschwenden, über die Vergangenheit nachzugrübeln. Also vergib dem anderen zu deinem eigenen Nutzen. Sag UMKEHREN und lass los. Um dir selbst für frühere Taten zu vergeben, sag, denke oder chante MICH-UMKEHREN.

Expartner, Feinde oder falsche Freunde:
Was du angesichts negativer Menschen in deinem
Leben tun kannst

Um nicht mehr an eine Person zu denken oder dich von ihr beziehungsweise den Auswirkungen ihrer Handlungen zu distanzieren, sprich den vollen Namen dieser Person plus SCHNITT. Wenn eine Beziehung oder Freundschaft zerbrochen ist und es Zeit wird weiterzugehen, dann schick dem oder der Betreffenden eine »Liebesbombe«: Bedank dich für die Rolle, die er oder sie in deinem Leben gespielt hat und die jetzt beendet ist, indem du GÖTTLICH-DANK sagst. Der Switchword-Satz ZUSAMMEN-AUS-

RICHTEN-WINZIG-DANK lenkt deine Energie von Irritationen, Groll und Frustration – die dich mit der betreffenden Person in Verbindung halten – fort und hin zur Akzeptanz. Das befreit euch beide.

Für eine bessere Gesundheit

Switchwords können dabei helfen, mit körperlichen Krankheitssymptomen klarzukommen, aber sie sind keinesfalls Heilmittel. Wenn eine Erkrankung von tiefer liegenden Überzeugungen, Erinnerungen und Einstellungen verursacht wurde, können Switchwords allerdings eine positive Wirkung haben, ebenso wie andere energetische Heilungstechniken, etwa EFTs (Emotional Freedom Techniques, Techniken der Emotionalen Freiheit; siehe die Erläuterungen zum Klopfen in Kapitel 6).

Mit Schmerzen umgehen

Universelle Switchwords:
ALLEIN: Fördert die Heilung.
VERÄNDERUNG: Erzeugt eine energetische Veränderung, lindert emotionale und physische Schmerzen (hilft auch, etwas aus dem Auge zu bekommen).
BEENDEN: Ermöglicht es dir loszuwerden, was du nicht haben willst: negative Gedanken, Schmerzen oder Unbehagen.
SEIN: Unterstützt deine Gesundheit und die Rückkehr zu einer guten Verfassung.
BEWEGUNG: Verleiht dir Energie.
SCHWUNG: Gibt dir den Mut, dich mit einer Situation auseinanderzusetzen.

Offenes Switchword:
FLÜGEL: Erhebt dich über den Schmerz, ermöglicht eine freie Bewegung.

Switchword-Paare:
VERÄNDERUNG-SEIN: Verändert oder lindert Schmerz durch seine Akzeptanz.
ZUSAMMEN-VERÄNDERUNG: Öffnet dir die Augen für die tiefer liegenden Gründe deiner physischen Schmerzen; befreit dich von Angst.

Switchword-Satz:
ALLEIN-GÖTTLICH-BEWEGUNG: Fördert die körperliche, mentale und/oder spirituelle Heilung; verleiht Energie.

Siehe auch die Bachblüten-Switchwords für persönliche Eigenschaften in Kapitel 5.

ALLEIN ist das Switchword für Heilung. Die inhaltliche Umschreibung von James T. Mangan in *The Secret of Perfect Living* lautet: »eine Abschürfung heilen«. Spätere Experimente mit diesem Wort haben gezeigt, dass es generell Heilung unterstützt und unsere Fähigkeit verbessert, für uns selbst zu sorgen und pfleglich mit uns umzugehen.

VERÄNDERUNG hilft, Schmerzen auszuschalten. Immer wenn der Schmerz zurückkommt, kannst du versuchen, VERÄNDERUNG zu chanten. Doch beachte: Switchwords können dir dabei helfen, mit Schmerzen umzugehen und sie zu lindern, aber nicht, dich von Krankheiten zu heilen.

Bei der Verwendung von Switchwords ist es wichtig, dass wir unseren Schmerz wirklich loswerden wollen. Das mag offensichtlich scheinen, aber manchmal bleiben uns körperliche Erkrankungen erhalten, weil sie eine tiefere Bedeutung haben und wir sie noch nicht loslassen. Ein wiederkehrender Schmerz kann ein Symptom eines ungeklärten Gefühls wie Wut, Schuld oder Angst oder einer noch nicht verarbeiteten Veränderung sein.

Die dem Schmerz zugrunde liegenden Sachverhalte können auch einem bestimmten Zweck dienen. Die Autorin Caroline Myss nennt es »Wundologie«, wenn jemand ständig die Reaktionen anderer durch die Anerkennung seines Krankheitszustands zu beeinflussen sucht, statt vollständig zu genesen. Sobald wir bereit sind, nicht nur den Schmerz, sondern auch die tiefer liegenden Gründe für den Schmerz loszulassen, kann der Einsatz des Switchwords VERÄNDERUNG wirksam sein. Falls du das Gefühl hast, dass du dich gegen Veränderung sträubst, dann füge das Meister-Switchword ZUSAMMEN hinzu und denke, sprich oder klopfe ZUSAMMEN-VERÄNDERUNG.

So wie bei allen anderen Switchword-Übungen auch musst du daran glauben, dass es funktioniert. Mit zunehmender Erfahrung wirst du daran zu glauben lernen, aber um vorher alle negativen Annahmen zu beseitigen, wende VERÄNDERUNG oder ZUSAMMEN-VERÄNDERUNG an. Fang an mit ZUSAMMEN-ENTFERNEN, das reinigt deine Überzeugungen und verändert alle negativen Denkmuster. Außerdem eignet es sich hervorragend bei Ängsten und Niedergeschlagenheit. Du kannst auch BLUFF zum Vertreiben von Negativität einsetzen.

BEENDE das! BEENDEN ist ein weiteres machtvolles Switchword, um bei körperlichen Symptomen Linderung zu erreichen. Joan, 71, setzte einen Switchword-Satz mit BEENDEN ein, der eine bemerkenswerte Wirkung auf die Häufigkeit und Intensität ihrer Migräneattacken hatte.

Mit Migräne zurechtkommen

Mit Mitte vierzig hatte Joan unter schweren Migräneanfällen gelitten. Eine schlechte Woche war durch drei oder mehr Migräneattacken mit Aura gekennzeichnet, die zu Gleichgewichts- und Sehstörungen führten und sie stundenlang zur Bettruhe zwangen. Sooft sie ihre Ernährung auch veränderte, welche Medikamente sie auch nahm oder zu welchen Ärzten sie auch ging – nichts linderte den unbarmherzigen Schmerz, den sie verspürte. Joan gewann immer mehr den Eindruck, dass sie den Kampf gegen den Schmerz verlor und dass ihre Migräne ihren Alltag auch künftig beeinträchtigen würde. Sie ging nicht mehr allein einkaufen oder auf Reisen.

Ich bat sie, mit BEENDEN zu experimentieren und ein Wort voranzustellen, das ihre Erfahrung mit den Migräneschmerzen zum Ausdruck brachte; sie könne dabei sehr konkret werden (wir sprachen über ROTE HEISSE NADELN und LICHTBLITZ-SCHNITT). Doch nach einigem Überlegen sagte sie, sie wolle es mit SCHMERZ versuchen und sehen, wie sie damit weiterkomme. Jeden Morgen sagte Joan in Gedanken SCHMERZ-BEENDEN auf, während sie im Bett ihre erste Tasse Tee trank. Wenn sie am Tag wenig Energie hatte (Joan leidet auch an Fibromyalgie, einer chronischen Erkrankung mit starken Schmerzen), wiederholte sie SCHMERZ-BEENDEN. Am dritten Tag rechnete sie fest mit einem Migräneanfall. Doch der kam nicht. Dadurch fühlte sie sich ermutigt, ihr Glaube an den Switchword-Satz wuchs, und sie wiederholte weiterhin SCHMERZ-BEENDEN. Sie versuchte es auch ein wenig mit Klopfen und sagte die Switchwords laut, während sie auf jeden Finger klopfte (siehe dazu Kapitel 6). Insgesamt hatte Jean neun Tage ohne die quälenden Kopfschmerzen.

Ihre Migräneanfälle sind nicht völlig verschwunden, aber jetzt überfallen sie sie weniger häufig. Und wenn sie kommen, ist sie zuversichtlicher, dass sie mit dem Schmerz zurechtkommt, wenn sie SCHMERZ-BEENDEN sagt. Joan braucht jetzt nicht mehr so viele Analgetika, sodass sie weniger unter den Nebenwirkungen der Medikamente leidet.

Gefühle: Niedergeschlagenheit und Angst

Universelle Switchwords:
BLUFF: Verringert Ängste.
ENTFERNEN/BEENDEN: Verbannt negative Gedanken.
SEIN: Verleiht inneren Frieden und Gesundheit.

Experimentelles Switchword:
LEUCHTEN: Hebt die Stimmung, klärt Negativität und segnet.

Switchword-Paare:
REINIGEN-BEENDEN/ZURÜCKSTELLEN-BEENDEN: Vertreibt negative Gedanken und Verhaltensweisen.

Switchword-Satz:
REINIGEN-BEENDEN-GETAN: Beschützt dich augenblicklich vor den negativen Gefühlen anderer Menschen.

(Siehe auch die emotional heilenden Bachblüten-Switchwords in Kapitel 5.)

BLUFF ist ein großer Beruhiger, der dabei hilft, Nervosität aufzulösen. Dieses Switchword scheint selbst bei langfristig bestehenden Ängsten gut zu wirken, wie das Erste der folgenden Fallbeispiele zeigt.

Judiths BLUFF

Judith, die ihr ganzes Leben lang unter Ängsten litt, hatte das Gefühl, ihre Angstgefühle seien inzwischen in ihrem Gehirn fest verdrahtet und ihre Angst sei zu einem Teil ihrer Persönlichkeit geworden. Sie begann über die Probleme zu sprechen, die sie beunruhigten und über die sie keine Kontrolle besaß: ein älterer Verwandter, um den sie sich kümmerte, eine mögliche Arbeitslosigkeit, die Gesundheitsprobleme ihres Mannes, die Arbeitslosigkeit ihres Sohnes – die Liste setzte sich fort. Die zahlreichen Punkte ihrer Ängste umkreisten sie von einem Tag zum nächsten.

Als ich ihr empfahl, BLUFF zu sagen, um ihre Ängste verschwinden zu lassen, und sie das Wort wiederholte, stieg in mir das Bild von einem Radiergummi auf, das die schwarze Angst von ihrem Leib rieb und ihn weiß werden ließ. »Ist es BLUFF, weil sich BLUFF wie ›Fluff‹ anhört, als würde aus einem aufgeblasenen Nichts die Luft entweichen?«, fragte sie, bevor sie sich selbst ihre Frage beantwortete: »Ich glaube, so ist es. So fühlt es sich an. Wie ein ›Fluff‹, das einfach wegströmt.«

Judith reagierte anders als ich auf das Wort, indem sie den Grund sah, warum BLUFF bei ihr vielleicht funktionieren konnte, während ich sah, welches Ergebnis möglicherweise erzielt werden konnte – als wären all ihre Ängste augenblicklich wegradiert worden.

»Aus irgendeinem Grund fühle ich mich jetzt leichter«, fuhr Judith fort. »Als ob meine Angst plötzlich von mir hochgehoben worden sei.« Und das geschah sofort, ohne dass sie viel rezitiert hätte. Nach nur einer Wiederholung des Wortes wurde ein Prozess in Gang gesetzt, der dazu führte, dass sie in den darauffolgenden Wochen nach und nach ein Denkmuster ablegte, von dem sie gefürchtet hatte, ihr Leben lang darin gefangen zu sein.

Sarahs »Angstvertreibungs«-Switchword

Sarah hatte in ihrer Vergangenheit unter reaktiven Angststörungen und Depressionen gelitten und wollte nicht wieder Antidepressiva nehmen, nachdem sie eine zweite Fehlgeburt erlitten hatte. Sie experimentierte mit Klopfen, wobei sie das universelle Switchword ENTFERNEN verwendete. Daraufhin begann sie eine gewisse Linderung ihrer Symptome zu spüren. Als Nächstes experimentierte sie mit dem Switchword-Paar REINIGEN-BEENDEN. Sie stellte fest, dass es eine stärkere Wirkung hatte. Und da sich ihre Stimmung allmählich zu bessern begann, nutzte sie diese gute Zeit, indem sie das universelle Switchword AUSDEHNEN verwendete, das eine positive Erfahrung länger andauern lässt. Dadurch, dass sie REINIGEN-BEENDEN und AUSDEHNEN einsetzte, wann immer sie das Bedürfnis danach hatte, begann Sarah, ihre Symptome besser in den Griff zu bekommen, und sie litt seltener unter Angstepisoden.

 **Tipp:** *BEENDE, was dich bremst*
Du kannst BEENDEN auf alle Einstellungen oder Überzeugungen anwenden, die dich eventuell bremsen, beispielsweise ein sogenanntes Armutsbewusstsein. Du kannst BEENDEN auch mit dem Namen einer Person kombinieren, die bei dir unerwünschte negative Gedanken auslöst. Ne-

gative Gedanken ziehen uns Energie ab. BEENDE sie, und du fühlst dich positiver und entspannter und hast stärker das Gefühl, die Zügel in der Hand zu halten.

LEUCHTEN hilft, eine Negativhaltung aufzulösen, und hebt deine Stimmung. Es hilft auch, dich von der negativen Energie und den negativen Bemerkungen anderer zu reinigen. Es ist ein hervorragendes Switchword für den Start in den Tag, wenn du beim Aufwachen niedergeschlagen bist, und es eignet sich immer dann, wenn du einen Stimmungsaufschwung brauchst. Spüre dann, wie die Sonne zurückkehrt!

 **Tipp:** *Sprich, denk, chante oder sing das LEUCHTEN-MANTRA*
Wiederhole 28-mal ZUSAMMEN, ZUSAMMEN, ZUSAMMEN! LEUCHTEN, LEUCHTEN, LEUCHTEN oder BELEUCHTEN.

Jos LEUCHTEN

Ich hatte Jo, die als Homöopathin arbeitet, dieses neue Switchword-Mantra zum Ausprobieren empfohlen, und es erzielte einige bemerkenswerte Ergebnisse. »Ich habe LEUCHTEN, LEUCHTEN, LEUCHTEN zwischen den einzelnen Patiententerminen gechantet, um die Energie in meinem Sprechzimmer zu verändern und mich nicht mehr länger derart ausgelaugt zu fühlen. Es hat sicherlich funktioniert, aber nach ein paar Tagen begann ich zu spüren, dass es mich in einer Weise berührte, mit der ich nicht gerechnet hatte. Ich begann alle möglichen Ärgerlichkeiten zu bemerken – beiläufige negative Kommentare, die gedrückte Stimmung in dem Haus einer Freundin, nachdem sie ihre Mutter bei sich hatte einziehen lassen, den Straßenverkehr ... Wie konnte LEUCHTEN das bewirken? Nach einigem Nachdenken wurde mir jedoch klar, dass LEUCHTEN möglicherweise auch auf mich eine reinigende Wirkung hatte und dass sich die negativen Dinge zeigten, sodass ich zum ersten Mal die Wirkung sehen konnte, die sie auf mich hatten. Vielleicht verstärkte sich meine Schwingung, und durch diese Veränderung fiel das Negative stärker auf. Ich konnte dies beobachten, ohne mich sonderlich betroffen zu fühlen.«

Gewichtsabnahme und Suchtprobleme

Universelle Switchwords:
AUS: Hilft, eine schlechte Angewohnheit zu beenden.
SCHNITT: Erleichtert es, Ausschweifungen zu kontrollieren und die Fürsorge für sich selbst zu verbessern.
ANGEBOT: Verhindert Gier.
LOB: Regt dich an, deinen Körper zu mögen.
SEIN: Fördert die Gesundheit.
SICHERHEIT: Unterstützt dich dabei, weniger zu rauchen.
WIEDERHERSTELLEN: Stellt das wieder her, was du verloren zu haben glaubst (etwa die gute Figur oder die Gesundheit).
RETTEN: Gibt die Kraft, mit dem Alkoholmissbrauch aufzuhören.

Switchword-Paare:
REINIGEN-BEENDEN: Befreit von Gedanken, die das Wohlergehen unterbinden.
WIEDERHERSTELLEN-SEIN: Lässt dich wieder die Person sein, die du vor der Sucht warst, und öffnet dir den Weg zurück zur Gesundheit.

Switchword-Satz:
ZUSAMMEN-ANGEBOT-SEIN: Stärkt die Motivation, einen gesunden Gewichtsverlust zu erzielen.

AUS ist die »Beenden«-Taste, die dir hilft, dein Denken abzuschalten, wenn du schlafen musst. Dieses Switchword motiviert dich, Verhaltensweisen abzulegen, die dir nicht mehr guttun. Es kann besonders wirkungsvoll sein, wenn es beim Klopfen verwendet und mit ZUSAMMEN kombiniert wird, weil dies das Kommando aufzuhören verstärkt: ZUSAMMEN-AUS.

SCHNITT ist das Switchword zum Zügeln von Ausschweifungen. Du solltest es verwenden, wenn du der Versuchung widerstehen willst, über das normale Maß hinaus zu essen oder zu trinken. Gebrauche SCHNITT, um dich von ihm unterstützen zu lassen, bedachter zu essen und zu trinken, also bewusst wahrzunehmen, was du konsumierst. Ohne diese Bewusstheit berührt die Torte, der Schnaps, der zweite Kakao deine Lippen, bevor du die Möglichkeit hast, mit SCHNITT dazwischenzugehen.

Bewusst essen heißt vor allem, dass du dir im Vorhinein überlegst, was du essen wirst. Diese Planungsstufe ist der Punkt, an dem du noch die Macht hast und wählen kannst. Wenn du unterschiedliche Gerichte in Erwägung ziehst, denke SCHNITT, um dich bei einer ausgewogenen Auswahl unterstützen zu lassen – ob es nun darum geht, eine überwiegend gesunde Mahlzeit und eine Nascherei auszuwählen oder mal einen Abend lang eine strikte Diät aufzugeben und einfach zu essen, was dir schmeckt. SCHNITT bringt dich unbewusst dazu, das zu tun, was am besten für dich und nur für dich ist – unabhängig davon, was andere essen.

ANGEBOT hilft dir, dich in deinen Portionen zu mäßigen, während du isst. Denke ANGEBOT, wenn du das erste Sättigungsgefühl verspürst, um zu verhindern, dass du zu viel isst.

Johns Diätlösung

Johns Kampf mit dem Gewicht kann für viele Geschichten zum Thema »Diät« stehen. Jahrelang steckte er in einem Teufelskreis. Er machte eine Diät, setzte sie, nachdem er ein paar Kilo verloren hatte, wieder ab, legte das verlorene Gewicht erneut zu und begann eine andere Diät – immer mit dem gleichen Ergebnis. Einige seiner Diäten dauerten ein paar Tage, andere ein paar Monate. Aber langfristig kam stets das Gleiche heraus: Er kehrte zu der Figur zurück, die er vor seiner Diät gehabt hatte. Im Schnitt lag er um die zehn Kilo über dem Idealgewicht für seine Größe und sein Alter.

John verwendete SCHNITT, wenn er Nahrungsmittel einkaufen ging, um sicherzustellen, dass er nicht zu viel Naschwerk einkaufte. Auch während er kochte, um nicht zu viele verführerische Reste nebenbei zu »schnabulieren«. Etwa gegen neun Uhr abends, wenn er sich den Knabbereien widmen wollte, sprach er das Wort erneut.

Es funktionierte die ersten Wochen, aber die Wirkung seines Switchwords hielt nicht an.

Er versuchte es erneut. Er überdachte seine Einstellung. Er hatte so lange Diäten gemacht, dass er nicht mehr wusste, warum. Um in engere Hosen zu passen? Um sich nicht so schwabbelig und aus der Form gekommen zu fühlen? Oder einfach, weil er in eine endlose Wiederholungsschleife eines ständigen Kampfs mit sich selbst geraten war?

Um mit dem abendlichen »Trostessen« aufzuhören, wählte er das Switchword-Paar REINIGEN-BEENDEN, das ihm helfen sollte, seine handlungssteuernden Gedanken loszuwerden. Er schrieb es auf eine große Haftnotiz, die er sich an die Kühlschranktür klebte. Immer wenn er sich einen Imbiss holen wollte, las er die Notiz, sagte erneut SCHNITT und stellte fest, dass er meistens wieder vom Kühlschrank weggehen konnte, ohne etwas herauszunehmen. Das reichte, um auf Dauer eine positive Wirkung für seinen Taillenumfang zu erzielen.

Tipp: *Weitere Möglichkeiten, um die Kraft von SCHNITT zu nutzen*
Verwende SCHNITT auch, wenn du deine Ausgaben in den Griff bekommen musst und deine Kreditkarte nicht noch weiter überziehen willst. Mit SCHNITT kannst du zudem deine Zunge im Zaum halten, wenn du kurz davor bist, etwas zu sagen, was du später vielleicht bereuen würdest.

Schwangerschaft und Fruchtbarkeit

BRINGEN ist ein Switchword zur Manifestation. Es hilft dir dabei, das zu erschaffen, was du willst, und es unterstützt kraftvoll die Entstehung einer Schwangerschaft. Verbinde es mit dem Switchword ZAUBER, das dir deinen Herzenswunsch erfüllt, und mit KOPIERE, das die Fruchtbarkeit verstärkt. Wenn du das Gefühl hast, dass der Wunsch nach einer Schwangerschaft der Bitte um ein Wunder entspricht, stell GÖTTLICH voran – das Wort, das Wunder Wirklichkeit werden lässt. JETZT fügt Geschwindigkeit hinzu. Sprich den Switchword-Satz GÖTTLICHEN-ZAUBER-BRINGEN-KOPIEREN-JETZT. Du kannst ihn auch denken, chanten oder singen.

Deine persönlichen
Switchwords

Sieben Möglichkeiten, Switchwords täglich anzuwenden

1. Auf Reisen

Universelle Switchwords:

AN: Sorgt für einen ungestörten Reiseverlauf, also etwa dafür, dass man ein Taxi oder einen Bus bekommt oder beim Trampen mitgenommen wird.

WÄCHTER: Schützt dein persönliches Umfeld oder deinen Besitz.

AUF HALBEM WEGE: Verkürzt die empfundene Reisezeit auf die Hälfte.

GÖTTLICHE ORDNUNG: Hilft beim Organisieren und beim Packen vor einer Reise.

AN ist das Switchword für »grünes Licht«. Es hilft dir dabei, dort anzukommen, wohin du unterwegs bist. Probier es mit diesem Wort, wenn du das nächste Mal ein Taxi brauchst oder willst, dass irgendein anderes Transportmittel kommt. AN lädt auch andere Switchwords mit Energie auf, weil es Ehrgeiz und Produktivität vermittelt. Es bewirkt, dass deine Projekte umgesetzt werden. Versuch es zu ALS NÄCHSTES hinzuzufügen, um eine anstrengende Detailarbeit zu beschleunigen: ALS NÄCHSTES-AN. Oder nimm DREHEN-AN, um dich von negativen Dingen abzuwenden und einen Stoß positiver Energie und einen Schwung von Ideen zu bekommen.

2. Zum Wiederfinden eines verlorenen Gegenstands und Ankurbeln der Erinnerung

Universelles Switchword:
ERREICHEN: Hilft beim Aufspüren eines verlorenen Gegenstands und bei der Lösung von Problemen.

ERREICHEN ist das Switchword, bei dem uns »ein Licht aufgeht«, wenn wir Probleme lösen müssen und Inspiration brauchen. Es wird sehr häufig verwendet, weil es auch hilft, verlorene Gegenstände wiederzufinden. Jeder verlegt mindestens einmal am Tag irgendeinen Gegenstand – die Brille, die Autoschlüssel, ein Buch oder Unterlagen –, und ERREICHEN ist die perfekte Reaktion darauf. Du kannst ERREICHEN außerdem aufsagen, um eine vorhandene Information abzurufen, an die du dich im Moment nicht erinnerst – ob es sich um einen Namen, Fakten oder einen Ort handelt. Wie die nachstehende Begebenheit zeigt, kann ERREICHEN sogar dabei helfen, aus der Entfernung einen größeren Gegenstand wiederauftauchen zu lassen.

Wie mit ERREICHEN ein Auto gefunden wurde

»Ich muss Ihnen erzählen, was vor zwei Wochen passiert ist«, schrieb mir Kim. »Im Januar sind mein Sohn und seine Freundin in eine wunderschöne Wohnung gezogen und haben sich gemeinsam ihr erstes brandneues Auto gekauft. Ich dachte, nun seien sie zumindest untergekommen und alles sei wunderbar. Dann wurde am 10. März bei ihnen eingebrochen und der Ersatzschlüssel für das Auto mitgenommen, und die Diebe stahlen das Fahrzeug. Die Polizei meinte, dass sie den Wagen abschreiben könnten, wenn er nicht innerhalb von zwei bis drei Tagen wiederauftauchte. Wie Sie sich vorstellen können, war es grauenhaft.

Die drei Tage verstrichen und nichts geschah. Also beschloss ich, das Switchword ERREICHEN einzusetzen. Ich stellte mir das Auto als winziges Spielzeug vor, und als ich das Wort ERREICHEN sagte, imaginierte ich, wie ich den Wagen hochhob und ihn wieder zurück in die Einfahrt stellte. Und siehe da, sieben Tage später wurde das Auto ohne einen Kratzer und mit dem Schlüssel im Zündschloss entdeckt! Die Forensiker nahmen es zur Spurensicherung mit, aber inzwischen ist es wohlbehalten wieder da. Ich konnte es nicht fassen! Das ist wirklich stark.«

3. Zum Erhalten eines Energieschubs

Universelle Switchwords:
JETZT: Hilft, einem guten Impuls zu folgen und aktiv zu werden.
SPRUDELN: Schenkt Energie und Begeisterung.
KNUSPRIG: Verjüngt und verleiht Energie.
HINAUF: Vermittelt sofort Zuversicht.

Offene Switchwords:
WOLF: Schenkt Ausdauer und Selbstvertrauen.
JA!: Motiviert.

Experimentelles Switchword:
LEUCHTEN: Hebt augenblicklich die Stimmung.

Switchword-Paar:
JETZT-GETAN: Ermöglicht ein schnelles Ergebnis, kann an andere Switchwords angehängt werden.

JETZT lässt etwas JETZT geschehen. Es beendet die »Aufschiebe-ritis« und schenkt Energie und Motivation. Vervollständige einen Switchword-Satz mit JETZT oder mit JETZT GETAN als eine Art Absegnung, um deinen Wunsch besonders schnell Wirklichkeit werden zu lassen.

4. Für sofortige Weisheit

Universelle Switchwords:
RINGSHERUM: Erweitert die Perspektive.
LANGSAM: Verleiht Geduld und Weisheit.

Offene Switchwords:
EULE: Hilft, eine Situation aus einem neuen Blickwinkel zu be-trachten.
FLÜGEL: Ermöglicht es, sich über alles zu erheben und das große Ganze aus der Vogelperspektive zu betrachten.

Switchword-Paar:
LANGSAM-LIEBE: Hilft, von einem Ort der Liebe statt der Angst aus zu handeln.

LANGSAM erschafft einen geistigen Raum, der es ermöglicht, weise Entscheidungen zu treffen. Wenn wir LANGSAMER wer-den, nehmen wir mehr wahr und beobachten, was andere uns ge-ben, sowie unsere Umwelt und unsere eigenen inneren Prozesse schärfer. Chante LANGSAM, um deine innere Weisheit zu akti-vieren, bevor du eine Entscheidung triffst.

5. Für einen reibungslosen Tagesverlauf

Universelle Switchwords:
GÖTTLICHE ORDNUNG: Ermöglicht es, organisiert und effizient zu sein und Harmonie zu erzeugen.
ERMUTIGEN: Hilft, einen Rückschlag in einen Vorteil zu verwandeln.
BEUGEN: Verringert ein Problem.

GÖTTLICHE ORDNUNG hilft dir, alle Aufgaben bei der Arbeit und zu Hause effizient zu erledigen. Chante die Worte und folge dann dem Impuls, den du bekommst, um etwas zu organisieren, zu planen, zu veranlassen oder aufzuräumen. Ihr Einsatz eignet sich hervorragend, wenn du dich überfordert fühlst und mehrere Dinge gleichzeitig tun musst, aber nicht weißt, wo du anfangen sollst. Statt eine genaue Aufgabenliste aufzustellen und sie akribisch abzuarbeiten, solltest du damit beginnen, GÖTTLICHE ORDNUNG zu sagen. Dann wirst du sehen, dass das, was getan werden muss, auf genau die richtige Art getan wird.

Tipp: *GÖTTLICHE ORDNUNG und AUF HALBEM WEGE*
GÖTTLICHE ORDNUNG und AUF HALBEM WEGE beschleunigen Aufräum-, Organisations- oder Sortierarbeiten. Jen musste beispielsweise für eine Schmuckausstellung dreißig Ohrringgarnituren anfertigen und dafür zunächst einmal über hundert gemischte Perlen aus einem Beutel nehmen und nach Farbe und Art sortieren. Sie chantete GÖTTLICHE ORDNUNG-AUF HALBEM WEGE, während sie die Perlen sortierte, und stellte fest, dass sie die Sortierarbeit schneller als üblich abschloss und dass es nicht so anstrengend war wie sonst.

6. Zum Entspannen

Universelles Switchword:
HO: Lässt dich seufzen und entspannen.

Experimentelles Switchword:
ZIMMER: Gibt dir einen persönlichen Raum und lässt dich »runterkommen«.

Switchword-Paare:
ZIMMER-FÜR MICH: Schenkt dir »Ich«-Zeit und Privatheit.
STRAND-FÜR MICH: Hilft dir, abzuschalten und dich auszustrecken.

HO ist das Switchword, das man verwendet, um einen Seufzer auszulösen, loszulassen und sich zu entspannen. Ich finde, dass es am besten funktioniert, wenn es ausgesprochen und nicht nur gedacht wird. Also flüstere HO oder sag es laut. Versuch es jetzt – es ist fast unmöglich, es zu sagen, ohne zu seufzen –, lass deine Schultern fallen und werde augenblicklich etwas entspannter. Es ist auch eine tolle Möglichkeit, sich auf eine Meditation oder den Schlaf vorzubereiten, vor allem wenn man gestresst ist oder zu viel grübelt.

7. Zum Einschlafen

Universelles Switchword:
AUS: Erleichtert das Einschlafen.

Offenes Switchword:
LAVENDEL: Hilft, zu entspannen und einzuschlafen.

Experimentelle Switchwords:
STOPP: Beendet Grübeleien und fördert den Schlaf.
OZEAN: Lässt dich träumen.

Switchword-Paar:
KRISTALL-OZEAN: Schenkt klare Träume.

AUS drückt den »Knopf zum Abstellen« und lässt dich einschlafen; Gedanken, die dich wach halten, werden ausgeschaltet.

> **Tipp:** *In einem Atemzug mit AUS einschlafen*
> Atme tief ein und zähl beim Ausatmen: »Fünf, vier, drei, zwei, eins, AUS.« Wiederhole dies, während du in den Schlaf gleitest. Im Schnitt sind rund vier bis fünf Wiederholungen erforderlich.

> **Tipp:** *Beim Atmen zählen und AUS*
> Wenn du häufig Einschlafprobleme hast, versuch es einmal mit dieser Technik: Atme ein, halt die Luft an und lass dann die Luft aus deinen Lungen strömen, während du AUS denkst.

1. Nachdem du dich gemütlich im Bett hingelegt hast, atme tief durch die Nase ein und durch den Mund aus. Beim Ausatmen denke AUS.
2. Jetzt atme mit geschlossenem Mund durch deine Nase ein, während du bis vier zählst. Halt die Luft an, zähle bis vier, denke AUS und lass, während du bis sechs oder mehr zählst, über den Mund wieder alle Luft aus deiner Lunge weichen.
3. Wiederhole dies dreimal oder öfter.

Du kannst auch damit experimentieren, deinen Atem anzu-halten, während du bis sieben, und auszuatmen, während du bis acht zählst, wie der Schlafforscher Dr. Andrew Weil empfiehlt. Auch die Anwendung von NLP (siehe dazu Kapitel 6) für den Einsatz von STOPP kann sinnvoll sein.

Kapitel 4

Finde deine persönlichen Switchwords

Für dich maßgeschneiderte Worte

Persönliche Switchwords sind die Power-Worte, die speziell bei dir wirken. Es kann sich dabei um Begriffe mit einem familiären Bezug handeln, um Lyrik aus einem Lied oder um Lieblingsworte, die sich aus irgendeinem Grund einfach richtig für dich anfühlen. Dabei handelt es sich nicht um die Floskeln, die wir aus unserem Umfeld aufnehmen und die vorübergehend in Mode sind. Vielmehr geht es um solche, die eine direkte, persönliche Verbindung zu einem positiven Gefühl oder einer angenehmen Erinnerung herstellen.

Jackie etwa mag das Wort »Landschaft«, weil es sie an die wunderbaren Ausblicke erinnert, die man in den North Yorkshire Dales hat. Das Wort vermittelt ihr ein Gefühl der Frische und der weiträumigen Perspektive. Jayne hingegen liebt das Wort »Rose«, weil sie es mit Chancen verbindet, die sich ihr bieten – wie eine sich öffnende Rose. Yasia wiederum gefällt »Hummel«, weil sie das an ihre Tochter erinnert.

Andere Lieblingsworte ergeben sich, weil sie etwas an sich haben, das uns anzieht, beispielsweise einen besonderen Rhythmus oder Klang. Fühle beispielsweise das Pulsieren beim Aussprechen von »Pumpernickel«, das Seufzen, wenn du »Mond« sagst, die Art, wie sich die Zunge bei bestimmten Worten bewegt, etwa bei »loslegen«.

Achte darauf, welche Worte dich anziehen. Du kannst sie zu Switchwords erheben und sie mit anderen kombinieren, um kraftvolle Sätze zu erschaffen. Jayne hat zum Beispiel folgenden Satz für sich kreiert: ZUSAMMEN-ROSE-SEI-JETZT-GETAN, was bedeutet: »Lass mich in meinem Ziel eins werden, bring sofort Überfluss.«

Drei Techniken zum Ermitteln deiner persönlichen Switchwords

Die folgenden Techniken helfen dir, deine persönlichen Switchwords zu finden. Schau dich dazu in deinem häuslichen Umfeld nach Hinweisen um, über die du kurz meditieren kannst. So wirst du die Worte erspüren, die bei dir wirken.

1. Entdecke deine Lieblingsworte

Auf einem Londoner Literaturfestival wurden die Leute gebeten, für ihr Lieblingswort zu stimmen. Die 15 000 Personen, die teilnahmen, kürten diese Worte zu den Top 10:

1. Glücksfall
2. Quidditch[1]
3. Liebe
4. Frieden/Warum
5. Onomatopoesie
6. Hoffnung
7. Glauben

1 Sportart in der Zauberwelt von Harry Potter (Anm. d. Übers.).

8. Fußball/Muggel[2]/Hallo/Familie
9. Mitgefühl/Zuhause
10. Jesus/Geld

Was sind deine Lieblingsworte? Sie können offensichtlicher sein, als du vielleicht denkst. Betrachte die Kunstwerke, von denen du umgeben bist, und denk an die Worte, die in ihnen enthalten sind. Denk an die Grußkarten, die du aufgehoben hast, an die Wanddekorationen aus plastisch geformten Buchstaben, selbst an Tattoos. Schreib deine Lieblingsworte auf und verwende dann den in Kapitel 2 beschriebenen Fingermuskeltest, um herauszufinden, welche Kraft sie jeweils bei dir als potenzielle persönliche Switchwords haben.

2. Bitte um deine Switchwords, indem du sie visualisierst

Die Visualisierung ist ein sanfter Weg, um zuzulassen, dass unbewusste Bilder in dir aufsteigen. Die Namen dieser Bilder, Farben und Formen können deine persönlichen Switchwords werden. Such dir zunächst einmal einen ruhigen Platz, an dem du bequem sitzen kannst, und leg dir einen Stift und ein Stück Papier bereit.

1. Sitz einen Moment lang ruhig da. Atme tief ein und aus. Stell dir vor, dass du mit deinem geistigen Auge dem Weg deines Atems durch deinen Körper folgst. Spüre, wie dein Körper weicher wird, während du entspannst. Schließ die Augen.
2. Chante zehnmal das Meister-Switchword ZUSAMMEN. Bleib dann einige Momente lang still sitzen.

---

2 Ein Muggel ist bei Henry Potter jemand, der nicht zaubern kann (Anm. d. Übers.).

3. Stell dir eine vor dir schwebende Leinwand vor, auf die du blickst. Sie ist weiß und leuchtet. Frage: »Was brauche ich?«
4. Nimm alle Farben, Objekte und Eindrücke wahr, die auf der Leinwand erscheinen, und achte auf jedes Wort, das dir plötzlich durch den Kopf geht. Schreib es auf.
5. Schließ die Augen erneut und atme tief ein und aus. Dann konzentrierst du dich auf die einzelnen Worte und fragst jeweils: »Was bewirkt dieses Wort für mich?« Wenn du die Antwort auf die jeweilige Frage spürst, hast du die Verbindung zwischen dem Wort und seiner Wirkung hergestellt. Schreib es nieder und schließ die Augen wieder. Wenn du fertig bist, öffne die Augen und komm auch mit dem Geist wieder zurück in den Raum, in dem du dich befindest.
6. Verwende den kinesiologischen Fingermuskeltest, um herauszufinden, wie stark du auf dein jeweiliges neues Wort reagierst. Wähl es, wenn du stark darauf reagierst, als persönliches Switchword. Chante, sooft du magst, ZUSAMMEN und dein Wort oder deine Worte und achte auf das Gefühl, das du dabei empfindest. Nehmen wir einmal an, du hast die Farbe Orange auf deiner Leinwand gesehen und das Wort FEUER gespürt. Dann würdest du fragen: »Was bewirkt FEUER für mich?« Anya war zu dem Wort FEUER gekommen und spürte einen plötzlichen Zug im Solarplexus, als sie diese Frage stellte; sie begann, sich stark und konzentriert zu fühlen. Daraufhin verwendete sie FEUER als ihr persönliches Switchword, um sich besser konzentrieren zu können und beim Laufen erfolgreich zu sein – »volle Kraft voraus …«.

Sei nicht erstaunt, wenn dir in den Tagen nach dieser Übung überall dein Wort auffällt, obwohl du nicht bewusst nach ihm suchst – du siehst es auf dem Cover einer Zeitschrift, einem Anschlagbrett, einem Pop-up im Internet, an der Seitenwand eines Lastwagens. »Kaum hatte ich mein persönliches Switchword gefunden, da war es, als würde es überall ausgesendet werden«, berichtet Alain. Und es handelte sich nicht um ein häufiges Wort wie »jetzt« oder »gewinnen«. »Mein Wort war FLUSS. Am Morgen, nachdem mir das Wort gekommen war, erblickte ich in einem Zeitungskiosk am Bahnhof ein Zeitschriftencover mit der Schlagzeile ›Beweg dich mit dem FLUSS‹. Später an jenem Tag sah ich auf dem Schreibtisch eines Kollegen eine DVD mit dem Titel ›Fließ-Yoga‹. Am Abend holte mich mein Partner auf dem Nachhauseweg vom Bahnhof ab. Im Radio wurde ›Let Your Love Flow‹ von den Bellamy Brothers gespielt. Es tauchte einfach immer wieder auf.«

3. Sag das eine, finde ein anderes

So geht es: Nehmen wir an, du wählst ein Switchword, das dir dabei helfen soll, besser mit Schmerzen umzugehen – VERÄNDERUNG. Dieses Wort hilft, alles, was du aus deinem Leben verbannen möchtest, zu minimieren oder ganz zu entfernen – von Schmerzen über schwierige Beziehungen und bestimmte Angewohnheiten bis hin zu Heimsuchungen. Du chantest oder singst es, sooft du willst, normalerweise immer dann, wenn du dich im Laufe des Tages daran erinnerst. Nehmen wir weiter an, dass dir währenddessen oder danach ein anderes Wort in den Sinn kommt. Es steht vielleicht nicht in den Switchword-Listen dieses Buchs, aber es vermittelt dir das Gefühl, dass es für dich wichtig ist.

Sagen wir mal, dass es sich um das Wort HONIG handelt, das irgendwie beruhigend wirkt. Also beginnst du, es zu chanten, und es fühlt sich richtig an. Deshalb fügst du es dem Switchword VERÄNDERUNG hinzu und chantest nun VERÄNDERUNG-HO-

NIG, oder du verwendest HONIG für sich allein. Du experimentierst mit beidem und stellst fest, dass du deinen Schmerz weniger intensiv wahrnimmst, wenn du dein neues Switchword für sich allein aufsagst. Glückwunsch – du hast gerade ein neues persönliches Switchword entdeckt! Dadurch, dass du mit dem ersten Wort, VERÄNDERUNG, zu deinem Unbewussten gesprochen hast, wurde ein Schalter umgelegt – und als Ergebnis hast du Zugang zu einem weiteren Power-Wort erlangt, mit dem du nun arbeiten kannst. Das kann dir auch passieren, wenn du es mit der in Kapitel 1 beschriebenen Rückkopplungsschleife versuchst und mit dem Meister-Switchword ZUSAMMEN beginnst.

Christophers DREHEN linderte seine Bürde

Christoper entdeckte sein persönliches Switchword DREHEN ebenfalls dadurch, dass er mit VERÄNDERUNG begann. Er leidet durch eine Fibromyalgie unter chronischen Schmerzzuständen. Allerdings beunruhigte ihn weniger der ständige Schmerz als vielmehr das Problem, mit den negativen Gedanken umzugehen, die ihn jeden Morgen nach dem Aufwachen überkamen. »Ich glaube, der Grund liegt darin, dass ich schon so viele Jahre mit diesem Zustand zu tun habe; das zermürbt mich einfach«, erklärte er. Häufig verbrachte er jeden Morgen erst einmal etwa zwei Stunden mit dem Versuch, sich in eine bessere Stimmung zu bringen.

»Aber wenn ich mir so selbst zuredete, bewirkte das nur, dass mir noch bewusster wurde, wie schlecht ich mich wirklich fühlte«, fuhr er fort. »Also versuchte ich es mit einer Selbsthilfe-CD, die mir ein paar Visualisierungen zum Ausprobieren an die Hand gab, welche die Dinge ein wenig besser machten.« Zu einer der Visualisierungen gehörte, dass man ungewollte Gefühle in einen

Wasserstrudel warf und sie so schnell darin wirbeln ließ, dass sie verschwanden. »Als ich dies versuchte, sah ich ein Wort in meinem Geist – DREHEN. Das brachte mich dazu, einen Strudel als Waschmaschine zu sehen. Nachdem ich etwas über Switchwords erfahren hatte, beschloss ich, stärker mit dem Bild von der Waschmaschine zu arbeiten. Ich steckte all die negativen Worte, die ich fühlte – Traurigkeit, Frustration, Irritation, Hoffnungslosigkeit –, in diese imaginäre Waschmaschine. Dann sah ich mich, wie ich auch das Switchword DREHEN hineintat, als würde ich Waschpulver hinzufügen. Nun chantete ich DREHEN, um den Vorgang anzuschalten. Und ich beobachtete, wie die ›Waschmaschine‹ all die negativen Worte fortschleuderte. Danach fühle ich mich immer heiterer.«

Reale Namen als Switchwords verwenden

Namen können als Switchwords gewählt werden, weil sie eine sofortige Resonanz erzeugen. Stars haben sich häufig Pseudonyme zugelegt, um berühmt zu werden. Marketingfirmen setzen Algorithmen ein, um Massen-E-Mails mit den Namen der Empfänger zu personalisieren. Wenn du irgendwo deinen Namen siehst, ist es dir unmöglich, nicht aufmerksam zu werden. Du kannst auch deinen eigenen Namen zu deinem persönlichen Switchword machen, weil du auf ihn stärker als auf fast jedes andere Wort oder Wortgebilde reagierst.

Die Magie eines Namens wird in unseren uralten Sagen und Märchen bekräftigt: Das Aufdecken des wahren Namens einer Person verleiht einem Macht. Rumpelstilzchen verlangt von der Königin, die ihm ihre Position verdankt, seinen wahren Namen zu erraten oder ihm ihr Erstgeborenes zu überlassen. Als sie den

Namen erfährt, zerreißt sich Rumpelstilzchen selbst und taucht nie wieder auf. In der ägyptischen Mythologie überlistet Isis, die Göttin der Magie, den Schöpfergott Re, sodass er ihr seinen wahren Namen verrät, der auf seinem Herzen geschrieben steht und den sonst niemand kennt. Dadurch gewinnt sie Macht über Leben und Tod. Selbst in der Geschichte wird der wahre Name von Re nicht preisgegeben.

Die Anwendung realer Namen als Switchwords ist vor allem kulturell begründet. Der Name des amerikanischen Schauspielers Charlton Heston ist zum Switchword für den aufrechten Gang geworden, während der Name des Kampfkunst-Trainers und legendären Filmschauspielers Bruce Lee Stärke und Energie verleihen soll. Obwohl Switchwords, wie mehrfach erläutert, durch Schwingungen wirken, geht es bei der Wahl realer Namen als Switchwords mehr um die Vorstellung, die man mit der betreffenden Person verbindet, als um die Poetik des Klangs. MONA LISA wurde als Switchword für die Erzeugung eines Lächelns gewählt. Wenn du MONA LISA sagst, ist es dir kaum möglich, nicht zu lächeln. Es funktioniert, weil Leonardo da Vincis Bild allseits bekannt und weltweit Kult geworden ist.

Tipp: *Wähle deine Helden*

Wähle deine persönlichen Helden und verwende ihre Namen als Switchwords, um ihre erfolgsfördernden Eigenschaften auch in deinem Leben wirken zu lassen. Sie können aus allen Bereichen kommen, die dir gefallen, etwa aus dem Sport oder der Musik. Es kann sich um einen spirituellen Guru oder um einen männlichen oder weiblichen Friedensstifter, Wissenschaftler oder Schauspieler handeln. Es können auch dir persönlich bekannte Menschen sein, die du liebst und respektierst.

Trudy wählte den Namen ihres Hundes Samuel, weil ein intensives Gefühl der Liebe in ihr entsteht, sobald sie SAMUEL als Switchword chantet. Wenn sie mitfühlender sein will gegenüber Menschen, über die sie sich ärgert, denkt sie SAMUEL.

Probier erst einmal aus, welches Gefühl der Name bei dir erzeugt, und achte auf die Empfindungen, die mit dem Wort in deinem Inneren aufsteigen. Versichere dich, dass das Gefühl positiv ist. Wenn irgendwelche Gedanken der Frustration oder des Neids aufkommen (etwa »Warum kann ich nicht so sein wie sie/er?«), wähle den Namen eines anderen Helden, der Positives wie Hoffnung, Herzlichkeit oder Inspiration in dir hervorruft.

Persönliche Zahlen als Switchword-Verstärker

Zahlen haben ebenso wie Worte eine ihnen innewohnende Energie. Jede Ziffer besitzt eine Schwingung. Du kannst eine Zahl, die bei dir eine Resonanz auslöst, einem Switchword hinzufügen, um Paare oder Sätze zu bilden, deren Wirkung in der Anwendung noch stärker ist.

Deine Glückszahl

Deine Glückszahl zum Switchword zu machen ist eine wunderbare Möglichkeit, deine Manifestation zu verstärken und alle Hilfe des Universums zu beschwören, um Glück in Geldangelegenheiten zu haben oder an einem bestimmten Tag bei einem Bewerbungsgespräch, einer Präsentation, einem Examen oder irgendeiner anderen Prüfung unterstützt zu werden. Nimm deine Glückszahl und füg sie dem Meister-Switchword ZUSAMMEN zu. Wenn deine Glückszahl zum Beispiel die Sieben ist, kommt ZUSAMMEN-SIEBEN dabei heraus (ZUSAMMEN bewirkt die »Zusammengehörigkeit deines Selbst«, die dich auf das Glück ausrichtet). Für die Bitte um ein Wunder und die zusätzliche Stärkung deiner Bitte füge GÖTTLICH hinzu, sodass du den persönlichen Switchword-Satz ZUSAMMEN-GÖTTLICH-SIEBEN erhältst.

So richtest du dich auf dein Ziel aus: deine Schicksalszahl

Deine Schicksalszahl ist dein auf die Zahlen 1 bis 9, 11 und 22 – die Schlüsselzahlen in der Numerologie – reduziertes Geburtsdatum. Wenn du zum Beispiel am 20.10.1976 geboren wurdest, wäre das 20 + 10 + 1 + 9 + 7 + 6, woraus sich als Summe 53 ergibt. 5 + 3 entspricht der Schicksalszahl ACHT. Wenn sich dein Geburtsdatum zunächst einmal nicht zu einer dieser Zahlen summiert und stattdessen beispielsweise 10 oder 12 herauskommt, dann addiere die Ziffern so lange, bis schließlich entweder eine Zahl von 1 bis 9 oder 11 oder 22 herauskommt. Füge ZUSAMMEN sowie weiterer Switchwords deiner Wahl dieser Zahl hinzu, um einen kraftvollen Switchword-Satz zu bilden, der dir hilft, die Richtung zu spüren, in die dein Leben verlaufen sollte.

Welche Zahlenschwingung brauche ich jetzt gerade?

Statt lediglich mit deiner Schicksals- oder deiner Glückszahl zu arbeiten, kannst du auch einen Blick auf die unten aufgeführten Bedeutungen der Zahlen werfen und intuitiv eine wählen, welche für die Energie steht, die du in einem bestimmten Augenblick oder an einem speziellen Tag benötigst. Wenn du gleichzeitig zwei Probleme hast, dann verwende beide Zahlen zusammen. Wünschst du dir beispielsweise Selbstvertrauen, um einen bestimmten Standpunkt zu vertreten und andere zu führen, und gleichzeitig möchtest du in deinem Privatleben Stabilität haben, würdest du aus der unten aufgeführten Liste die Zahlen 1 und 4 auswählen und einen Switchword-Satz erstellen wie ZUSAM-MEN-GÖTTLICH-EINS-VIER.

Es empfiehlt sich, höchstens zwei Zahlen auszuwählen, weil du sonst deine Bitte verwässerst. Wenn du zahlreiche Bedürfnisse hast, kann es ausreichen, ZUSAMMEN aufzusagen und darauf zu vertrauen, dass als Erstes zu dir kommen wird, was du am dringendsten brauchst. Lass das Universum darüber entscheiden, was du wirklich benötigst.

Die Bedeutung der Schicksalszahlen

EINS: Fördert das Selbstwertgefühl, die Individualität, außergewöhnliche Vorhaben, Führungsqualitäten, die Energie.

ZWEI: Unterstützt eine Partnerschaft oder den Wunsch nach Verbindlichkeit; erleichtert das Erzielen einer Vereinbarung bei gleichzeitiger Respektierung der Ansichten und Ansprüche anderer.

DREI: Schenkt Kreativität, Zeit zum Spielen und Entwickeln von Fähigkeiten, Auszeiten; ermöglicht das Eingehen kalkulierter Risiken und Schwangerschaften.

VIER: Ist die Zahl des Pythagoras für eine auf einer guten Ausgewogenheit basierende Gerechtigkeit; ermöglicht Fairness, Stabilität, die Verbesserung der finanziellen Lage; ist ein Augenöffner; erhöht die Konzentration darauf, das Wesentliche gut hinzubekommen; steht für Planung.

FÜNF: Hilft bei Entscheidungen und Verpflichtungen.

SECHS: Verleiht Harmonie und fördert den Fluss der Dinge; steht für Nostalgie.

SIEBEN: Unterstützt den Hunger nach Wissen, Entdeckungen und Reisen; lässt dich die Potenziale in dir selbst und in anderen erkennen.

ACHT: Symbolisiert das Genießen der Reise selbst, nicht des Ankommens; hält Arbeit und Spiel im Gleichgewicht.

NEUN: Ermöglicht Ergebnisse, Belohnung, Befriedigung, Intensität, die Gewinnung eines Überblicks, die Betrachtung der Zukunft und das Lernen aus der Vergangenheit.

ELF: Fördert große mögliche Leistungen, die Intuition, die Verbindung zum Unbewussten, den Glauben und das Hellsehen.

ZWEIUNDZWANZIG: Ebnet den Weg zu einem großen Erfolg als Ergebnis eines vernünftigen, pragmatischen Ehrgeizes.

Kapitel 5

Heilung durch Switchwords

Reiki, Energiekreise und heilende Schwingungszahlen

Switchwords haben auch bei der Selbstheilung und bei der Heilung anderer ihren Platz. Da die Anwendung von Switchwords eine Form der Manifestation durch die Ausrichtung von Energie ist, kann sie eine wirkungsvolle Ergänzung zu Heilverfahren bieten, die auf der gleichen Basis arbeiten. Ein Heilpraktiker entwickelt eine Sensibilität für energetische Ungleichgewichte im Körper und beseitigt sie durch eine direkte oder indirekte Berührung über den Energiekörper (oder die Aura), der den physischen Körper umgibt. In manchen Reiki-Schulen werden zum Beispiel während der Heilsitzung Symbole auf dem Körper visualisiert.

Worte sind verdichtete Symbole. Wenn man sie chantet, werden sie dekomprimiert und übermitteln eine Energieform oder ein Symbol, um es anders auszudrücken. Aus diesem Grund können Switchwords kraftvolle Hilfsmittel für deine Heilungspraxis sein, und sie können auch Menschen von Nutzen sein, die keine Heilpraktiker sind, aber gern im Bereich der persönlichen Selbstheilung etwas tun würden.

Die Anwendung von Switchwords für die Heilung steckt noch in den Kinderschuhen. Viele der hier vorgeschlagenen Switchwords haben erst einmal einen experimentellen Charakter. Da wir die Heilung mit Switchwords in Zukunft noch intensiver erforschen werden, kann es sein, dass wir noch viele weitere zur Förderung von Heilung und persönlichem Wachstum entdecken werden. Denk jedoch daran, dass die ursprünglichen Manifestations-Switchwords – ZUSAMMEN, GÖTTLICH, BRINGEN und ER-REICHEN – auch sehr wirkungsvoll zum Heilen eingesetzt werden können. Weil beispielsweise ZUSAMMEN unser Unbewusstes und unser Bewusstsein aufeinander ausrichtet, hilft es, innere Konflikte aufzuheben, die der Grund von Erkrankungen sein können. Füg diese Switchwords zu deinen Switchword-Sätzen oder Paaren hinzu, um deine Mantras zu verstärken.

ENGEL-LICHT-GÖTTLICH-SEIN: Vermittelt den Segen der Engel; dient der Anrufung der Engel um Hilfe; erbittet Heilung.

ELOHIM-GÖTTLICH: Bittet Gott/das Universum um ein Wunder.

ICH BIN-GÖTTLICH-SEIN: Ehrt die eigene Göttlichkeit/Spiritualität.

ICH BIN: Verbindet mit dem höheren Selbst, dem authentischen Selbst, mit dem, wer wir wirklich sind.

REIN-LICHT-SEIN: Reinigt einen Raum und läutert die Umgebung.

UMSCHLAG oder EINWICKELN: Vermittelt spirituellen Schutz.

DATEN-GÖTTLICH-ÖFFNEN: Verschafft Zugang zur Akasha-Chronik, von der weiter unten noch die Rede sein wird.

GÖTTLICH-LICHT: Verbindet mit der Quelle.

LEUCHTEN: Erhöht die Schwingung, bewirkt Segen.

ENGEL-LICHT-GÖTTLICH: Spendet Segen, lässt alles besser werden; verschafft göttliche Hilfe beim Überwinden von Hindernissen.

ENGEL-LICHT-GÖTTLICH-SEIN vermittelt den Segen der Engel. Dieser Switchword-Satz erzeugt Impulse für Heilung, Wunder, Führung, Liebe und Frieden. Du kannst ihn zur Selbstheilung chanten oder mit ihm anderen aus der Entfernung Heilung schicken.

Selbstheilung: Leg deine Hände auf dein Herzchakra oder auf den Teil deines Körpers, wo du ein Unbehagen oder Schmerzen fühlst (auf die Chakren kommen wir im nächsten Abschnitt ausführlicher zu sprechen). Atme tief ein und chante oder denke beim Ausatmen ENGEL-LICHT-GÖTTLICH-SEIN. Atme eine oder zwei Minuten lang wieder normal und spüre intensiv, wie du in deinem Herzen, deinen Gefühlen und deinem Körper bist. Nimm all die feinen Empfindungen wahr, die du in deinen Gliedern, deinem Hals, deinem Rumpf, deinen Füßen und Händen spürst. Fühle jede Veränderung der Temperatur und jede Veränderung deines Schmerzes oder deiner Empfindungen. Dann atme wieder tief ein und wiederhole das Ganze ein- oder zweimal.

Fernheilung: Visualisiere die betreffende Person in einer Blase aus rosafarbenem Licht. Projiziere in Gedanken die Worte ENGEL-LICHT-GÖTTLICH-SEIN in die Blase und auf das Bild der Person. Verbinde dieses Bild mit deinem Herzchakra, als gäbe es eine unsichtbare Schnur, die dich mit der rosa Blase verbindet. Visualisiere, wie du über die Schnur Energie in die Blase schickst, sodass das Rosa der Blase und die Switchwords ENGEL-LICHT-GÖTTLICH-SEIN intensiver und lebendiger werden. Fühle, wie deine Energie die Switchwords zu der Person in der Blase und hinaus ins Universum schickt.

ENGEL-LICHT-GÖTTLICH-SEIN scheint auch Tieren zu helfen, wie Alisons Erfahrung nahelegt.

Wie Alison ihrem Hund half, wieder gesund zu werden

Im Bein von Allisons Windhund-Collie-Mischling Purdy war kürzlich Krebs diagnostiziert worden. Alison war am Boden zerstört, als sie diese Nachricht von ihrem Tierarzt erhielt, der sie vor zwei Alternativen stellte: die Hündin einzuschläfern oder das erkrankte Glied zu amputieren. Alison sah natürlich keine Möglichkeit als die, der Amputation zuzustimmen, von der sie wusste, dass sie Purdy traumatisieren würde. Mehrere Wochen vor der Operation streichelte Alison Purdy täglich regelmäßig, sah ihr in die Augen und chantete sanft den Switchword-Satz ENGEL-LICHT-GÖTTLICH-SEIN. Nach der Operation war der Tierarzt erstaunt darüber, wie gut Purdy mit dem Eingriff zurechtkam und wie schnell sie sich davon erholte. Alison chantet ihre beruhigenden Switchwords auch weiter für Purdy, während diese wieder ganz zu Kräften kommt.

 **Tipp:** *Experimentiere mit den heilenden Switchwords*
Welches Switchword hat für dich eine Resonanz? Experimentiere mit der Kombination von Worten, schwing mit ihnen mit, während du sie denkst, sagst, chantest oder singst, und mach auch den kinesiologischen Muskeltest, um herauszufinden, welche für dich die stärksten sind.
Die Klangheilerin Petra Galligan kombinierte ZUSAMMEN, GÖTTLICH und LEUCHTEN, um ihr Mantra »ZUSAMMEN, ZUSAMMEN, ZUSAMMEN, LEUCHTEN, LEUCHTEN, LEUCHTEN, GÖTTLICH« zu bilden, mit dem sie sich selbst im Tagesverlauf auf das Heilen vorbereitet und die Verbindung zu ihrem höheren Selbst herstellt. Sie erklärt: »Ich singe es als Erstes am Morgen mit einer aufsteigenden Melodie, dreimal, und es trifft wirklich ins Schwarze. Die dreimalige

Wiederholung scheint eine sofortige Verbindung zum Reich der Engel und zum Bewusstsein Christi herzustellen, und das Hinzufügen von GÖTTLICH scheint einen Lenkflugraketen-Effekt zu erzeugen und direkt in die Seele oder ins höhere Selbst zu treffen. Es bereitet mir einen Hochgenuss, und ich scheine nun eine erheblich klarere Verbindung mit der spirituellen Führung und meinem höheren Selbst zu haben.«

Versuch es auch mit der in Kapitel 4 beschriebenen Visualisierung, um deine persönlichen Switchwords zu finden.

Chakra-Switchwords

Der Sanskrit-Literatur zufolge hat jedes der feinstofflichen Energiezentren entlang der Wirbelsäule, der sieben Hauptchakren, ein dazugehöriges Bija-Mantra. (Das Sanskritwort *bija* für »Same« bezeichnet in diesem Zusammenhang einen einsilbigen Laut.) Wenn das jeweilige Mantra mit einer besonderen Beachtung der Stellung von Zunge und Lippen intoniert wird, werden die feinen Energiekanäle des Körpers gereinigt. Der Mantra-Laut kann auch so gestaltet werden, dass er eine Reihe von Meridianpunkten im Mund berührt. Der Wissenschaftler Dr. David Shannahoff-Khalsa, der an der University of California die Geist-Körper-Dynamiken untersucht, meint, die Zunge könne durch die Mantra-Wiederholungen die Akupunktur-Meridiane stimulieren, vor allem am Gaumen. Diese Stimulation erzeuge chemische Veränderungen im Gehirn.

Das Mantra regt die physische, emotionale und spirituelle Heilung an und ermöglicht höhere Ebenen spiritueller Bewusstheit. Die Bija-Mantras für die einzelnen Hauptchakren vom Wurzel- oder

Basischakra bis hin zum Kronenchakra lauten in den vedischen Formen wie folgt:»Lam« (Wurzel),»Vam« (Sakral),»Ram« (Solarplexus),»Yam« (Herz),»Ham« (Kehle),»Om« (»Drittes Auge«) und noch einmal»Om« (Krone).

Klang heilt. Als Energiekörper werden wir wie gesagt von den Schwingungen eines Wortes beeinflusst, selbst wenn wir seine Bedeutung nicht kennen.

Die Ursprünge der Einstimmung der Chakren durch Klang sind alt – der erste Nachweis für das Chanten des Bija-Mantras für die sogenannten Fünf Elemente, die sich mit den Chakren verbinden, stammt aus der Jabala Darsana Upanishad (um 200 v. Chr. bis 200 n. Chr.). Doch die folgenden Switchwords für eine Einstimmung und Ausrichtung auf ein Heilen über Chakren sind neu. Sie haben sich aus meiner Praxis entwickelt und aus der Übung anderer, die mir großzügigerweise ihre Erfahrungen bei der Selbstheilung und der Heilung von Patienten mitteilten (siehe dazu meine Danksagung).

GÖTTLICH-LICHT-AUSRICHTEN: Harmonisiert die Chakren.
GÖTTLICHE ORDNUNG: Richtet die Chakren aus.
REIN oder ENTFERNEN: Beseitigt energetische Blockaden in den Chakren.
SHAKTI-GÖTTLICH-BLUME oder ÖFFNE-MICH: Öffnet die Chakren.
SHAKTI-EWIG: Schließt die Chakren.
SHAKTI-REIN-KRISTALL-AUF HALBEM WEGE: Hält das Kronenchakra und das Chakra des Dritten Auges teilweise offen.

Switchwords für die Einstimmung der sieben Hauptchakren

Chakra	Switchword	Ort
Wurzel- oder Basis-chakra	DAHEIM	Am Damm zwischen Genitalien und Anus
Sakralchakra	SÜSS	Eine Handbreit unter dem Bauchnabel
Solarplexuschakra	JUWEL	Hinter dem Solar-plexus
Herzchakra	LIEBE	Auf der Höhe des Herzens
Kehlkopfchakra	ICH BIN	Hinter dem Kehlkopf
Chakra des Dritten Auges	KRISTALL	Zwischen, aber etwas über den Augenbrauen
Kronenchakra	REIN	Am Scheitelpunkt

Du kannst auch mit Switchwords experimentieren, die sich mit den Chakra-Zuordnungen verbinden. Zum Beispiel ist das Basischakra mit dem Bedürfnis nach einem Fundament und nach Sicherheit verbunden und steht in Beziehung zu finanzieller Stabilität. Wenn du an diesem Chakra arbeitest, kannst du ein finanzielles Switchword oder gleich mehrere ausprobieren, indem du sie zu den Chakra-Einstimmungs-Switchwords hinzufügst.

Häng beispielsweise an das Wurzel- oder Basischakra-Switchword DAHEIM die Worte FINDEN oder SICHERHEIT an. Chante oder denke also DAHEIM-FINDEN oder DAHEIM-SICHERHEIT oder DAHEIM-FINDEN-SICHERHEIT, wenn du während einer Heilsitzung an diesem Chakra arbeitest. Leg zur

Selbstheilung die Hand auf dein Wurzelchakra am Damm und chante deine Switchwords. Versuch für das Sakralchakra SÜSS-HINAUF, für das Solarplexuschakra JUWEL-BEWEGUNG, für das Herzchakra LIEBE-ZAUBER, für das Kehlkopfchakra ICH BIN-FÜR-GEBEN, für das Chakra des Dritten Auges KRISTALL-ZWISCHEN und für das Kronenchakra REIN-KRISTALL.

Es ist wichtig, dass du ausprobierst, bei welchen Worten du selbst eine Resonanz spürst und welche sich intuitiv richtig für den jeweiligen Patienten anfühlen. Vielleicht stellst du auch fest, dass ein Switchword perfekt für die Einstimmung aller Chakren geeignet ist. HINAUF ist ein vorzügliches Wort zur Stimulierung; daher reicht es für dich eventuell völlig aus, wenn du dieses eine Switchword für jedes einzelne Chakra anwendest. Experimentiere auch mit REIN, um Chakra-Blockaden aufzulösen, und mit dem Switchword SUMMEN, das Julie Leivers für die Ausrichtung von Chakren (siehe unten) verwendet.

Chakra	Zuordnung	Switchwords zum Ankurbeln
Wurzel- oder Basischakra	Geld, Sicherheit, Standfestigkeit	FINDEN, SICHERHEIT
Sakralchakra	Sexualität, Kreativität, Fruchtbarkeit, Identität	HALTEN, AN, ERREICHEN, HINAUF
Solarplexus-chakra	Energie, Stärkung, Gefühle (Angst, Erregtheit)	BEWEGUNG, SCHWUNG
Herzchakra	Liebe	LIEBE, ZAUBER, BIEGUNG

Kehlkopfchakra	Kommunikation, Wahrheit	FÜR, GEBEN
Chakra des Dritten Auges	Intuition, Einsicht	ZWISCHEN, KRISTALL
Kronenchakra	Reinheit, spirituelle Verbindung, Bewusstsein, Einheit	ÖFFNEN, KRISTALL

Tipp: *Zum Schluss SUMMEN*
Die Reiki-Meisterin Julie Leivers probierte beim Experimentieren mit Chakra-Switchwords gegen Ende einer Reiki-Behandlung bei einer Klientin ihr Switchword SUMMEN aus. Sie berichtete:»Um die Schwingungen aller Chakren aufeinander abzustimmen, ließ ich meine Hand zum Kopf der Patientin schweben und streckte meine Arme zum Wurzelchakra aus, so weit ich das ohne Unbehagen tun konnte, und chantete das Wort SUMMEN – und es war ziemlich kraftvoll. Ich werde das sicherlich wieder in meinen Sitzungen anwenden.«
Ihre Klientin erzählte, sie habe ebenfalls die Schwingung von SUMMEN gespürt.

Switchword-Sätze für Chakra-Probleme

Wurzelchakra-Probleme:
Gefühl der Unsicherheit, Verletzlichkeit, Armseligkeit.
Chante: REIN-GÖTTLICHE ORDNUNG-SICHERHEIT.

Sakralchakra-Probleme:
Kreative Blockade, Fruchtbarkeitsprobleme, ein Gefühl der Gefährdung der eigenen Grenzen.
Chante: SÜSS-GÖTTLICHE ORDNUNG-HALTEN.

Solarplexuschakra-Probleme:
Niedriges Energieniveau, fehlende Motivation, Angst, physische Leiden.
Chante: JUWEL-GÖTTLICHE ORDNUNG-BEWEGUNG.

Herzchakra-Probleme:
Herzensleid, Verlust, Betrug, Traurigkeit, fehlendes Mitgefühl mit sich selbst.
Chante: LIEBE-GÖTTLICHE ORDNUNG-ZAUBER.

Kehlkopfchakra-Probleme:
Schlechte Selbstdarstellung, Unterdrückung von Gefühlen, Unfähigkeit, seine eigene Wahrheit zu leben.
Chante: ICH BIN-GÖTTLICHE ORDNUNG-FÜR.

Probleme mit dem Chakra des Dritten Auges:
Misstrauen gegenüber der eigenen Intuition, Abblocken von Gefühlen.
Chante: KRISTALL-GÖTTLICHE ORDNUNG-ZWISCHEN.

Kronenchakra-Probleme:
Gefühl der Trennung vom Selbst und von der Außenwelt, Einsamkeit.
Chante: REIN-GÖTTLICHE ORDNUNG-ÖFFNEN.

Tipp: *Ein Switchword-Heilungsritual*
Auf folgende Weise könntest du eine Heilbehandlung mit Switchwords durchlaufen. Es empfiehlt sich, dass du diese Worte zusätzlich zu deiner üblichen Praxis verwendest.

- Zur Reinigung eines Raums: REIN-LEUCHTEN-LICHT-SEIN.
- Zur Vorbereitung auf das Geben von Heilung: ZUSAMMEN-GÖTTLICH.
- Zu deinem eigenen spirituellen Schutz während der Heilung: UMSCHLAG. Und denke UMSCHLAG, um den Empfänger zu schützen.
- Um dich selbst zu erden: WURZEL.
- Um die Chakren zu öffnen: ÖFFNEN-MICH oder SHAKTI-GÖTTLICH-BLUME.
- Um deine Schwingung zu erhöhen: LEUCHTEN.
- Um Führer/Engel/Meister herbeizurufen: ENGEL-LICHT-GÖTTLICH-LEUCHTEN.
- Während der Heilsitzung: Wähle die oben aufgeführten Chakra-Switchwords oder chante einfach GÖTTLICHE ORDNUNG.
- Verwende SUMMEN, um die Schwingungen von allen ausgerichteten Chakren zu spüren.
- Zum Schließen der Chakren nach einer Heilsitzung: SHAKTI-EWIG.
- Um Dankbarkeit zu zeigen: DANKE-SEI-GETAN.

Um deinen Klienten zu helfen, könntest du die Anwendung von Switchwords aus diesem Buch empfehlen – etwa RINGSHERUM, um einen besseren Durchblick zu bekommen oder Entscheidungen zu fällen, VERÄNDERUNG als Hilfe beim Umgang mit Schmerzen oder unerwünschten Gedanken oder HINAUF für

Zuversicht. Und auch hier ist die Vermittlung des Meister-Switch-words ZUSAMMEN ein prima Anfang, bevor man zu Switch-word-Paaren und -Sätzen übergeht.

Auf die Akasha-Chronik zugreifen

Um Zugang zu bekommen: DATEN-ÖFFNEN-GÖTTLICH-QUELLE und den Namen des Bittenden.

Um deine Akasha-Chronik mit dem negativen karmischen Erbe zu reinigen, chante SCHULD-ENTFERNEN.

Die Akasha-Chronik ist eine feinenergetische Datenbank mit den Erfahrungen unserer früheren Inkarnationen – eine Bibliothek unserer Seelenreisen. Wenn wir sie abrufen, normalerweise durch Meditation und Gebete, spüren wir unser karmisches Erbe. Während wir uns in unserer Akasha-Chronik befinden, können wir ein ungewolltes negatives Karma aus früheren Leben löschen. Chante oder denke SCHULD-ENTFERNEN, um auf diesen Prozess einzuwirken.

Switchwords für intuitive Deutungen

KRISTALL: Ermöglicht das Hellsehen.
ZWISCHEN: Fördert die Intuition und übersinnliche Fähigkeiten.
ZUHÖREN: Lässt die Zukunft sehen.
ERREICHEN: Unterstützt die Psychometrie (das Lesen eines Objekts).

Meditation zum Heraufbeschwören der Switchwords, die du brauchst

1. Such dir einen angenehmen, ruhigen Platz. Setz dich entspannt auf einen Stuhl und stell die Füße mit beiden Sohlen auf den Boden, während die Hände locker an den beiden Seiten deines Körpers liegen.
2. Atme tief durch die Nase ein und durch den Mund aus. Visualisiere, wie du alles ausatmest, was du nicht brauchst (was du tun solltest, Aufgabenlisten und so weiter), und wie du reines weißes Licht einatmest, das deinen Körper füllt. Spüre, während du dich innerlich leichter zu fühlen beginnst, das Gewicht deines Körpers auf deinem Stuhl. Nimm wahr, wie sich dein Körper anfühlt. Atme noch zwei weitere Male tief durch die Nase ein und durch den Mund aus und kehre dann zu deiner normalen Atmung zurück.
3. Chante ZUSAMMEN-ZWISCHEN als Mantra 8- oder 28-mal, sodass die Worte einen Rhythmus annehmen. ZUSAMMEN, das Meister-Switchword, richtet dein Unbewusstes und dein Bewusstsein gleichermaßen aus, sodass du bereit bist, eine Bitte an das Universum zu richten; ZWISCHEN aktiviert deine Intuition.
4. Bitte das Universum oder deine spirituellen Führer, dir ein Wort zu zeigen, das richtig für dich ist. Es kann in Form eines Klangs, eines Bildes, eines Geruchs oder einer Farbe in deinem Inneren auftauchen.

Switchword-Energiekreise

Ein Energiekreis ist ein Instrument zur Aktivierung von Energie, das bei der Fernheilung eingesetzt wird. Die von Kat Miller (siehe unten) entwickelten Energiekreise senden etwas an eine Person, einen Ort oder eine Situation. Sie können Switchwords, Bachblüten-Namen, heilende Schwingungszahlen und andere Heiltherapie-Worte deiner Wahl enthalten. Du kannst auch einen Energiekreis für dich selbst erzeugen, indem du deinen Namen in den Kreis schreibst. Hier sind die von Kat Miller vorgeschlagenen Methoden und Tipps:

1. Nimm ein Blatt Papier, auf das du den Empfänger deiner Switchwords schreibst – deinen Namen, den Namen einer anderen Person, den Namen eines Ortes oder die jeweilige Situation.
2. Schreib darunter die Switchwords, die du senden willst. Du kannst auch Bachblüten-Namen oder heilende Schwingungszahlen hinzufügen.
3. Nimm irgendein Schreibgerät (einen Textmarker, einen Buntstift, einen farbigen Filzschreiber, einen Füller, einen Kugelschreiber oder einen Pinsel – was immer du willst) und zeichne einen vollständigen, geschlossenen Kreis um alle von dir aufgeschriebenen Worte. Die beiden Endlinien des Kreises müssen aneinanderstoßen oder sich kreuzen, wenn der Kreis wirken soll. Die Linie des Kreises darf keines der Worte in dem Kreis berühren.
4. Wenn du einen Energiekreis für dich selbst schaffst, kannst du auch Dinge aufschreiben, die du nicht in deiner Erfahrung haben willst – die musst du aber außerhalb des Kreises notieren, nicht in den Kreis.

5. Aktiviere den Kreis, indem du ihn auf eine flache Oberfläche legst oder ihn an die Wand heftest. Er ist auch dann noch aktiv, wenn du ihn nicht sehen kannst, sodass es völlig in Ordnung ist, wenn er flach in einer Aktenmappe oder einem Notizbuch aufbewahrt wird. Wichtig ist nur, dass die Vorderseite nach oben zeigt. Ein Energiekreis wird vorübergehend deaktiviert, wenn die Vorderseite nach unten liegt.

MILLIE
LIEBE 528
ROCK ROSE

MILLIE ist der Empfänger der Heilung. LIEBE verstärkt Liebe. 528 ist die weiter unten erläuterte Solfeggio-Zahl, die Liebe und Wunder herbeibringt. ROCK ROSE ist der Name eines Bachblüten-Mittels, das Furcht in Gelassenheit verwandelt.

Tipp: *Versuch es mit anderen Formen*
Du kannst auch jede andere ungebrochene Form statt eines Kreises verwenden. Beispielsweise könntest du für die Liebe ein Herz zeichnen und deinen Namen und deine Switchwords damit umschließen. Für Geld könntest du die rechteckige Form eines Euroscheins verwenden. Wähle jede Form, die dir gefällt, sie muss nur eine ununterbro-

chene Linie haben und geschlossen sein. Kat Millers Recherchen über Energiekreise ergaben auch, dass Ecken tendenziell Energie einfangen. Wenn du also ein Herz oder ein Rechteck, ein Quadrat oder einen Rhombus zeichnest, dann zeichne abgerundete statt spitze Ecken.

Wie man einen Energiekreis dauerhaft schließt

Falte das Blatt mit dem Energiekreis, sodass jeder Teil des Kreises gefaltet ist, oder knülle das Papier zusammen und wirf es in den Abfalleimer.

Der Ursprung der Energiekreise

Die Energiekreise stammen von Kat Miller, der Gründerin des Blue Iris Learning Center, das die größte Switchword-Datenbank weltweit besitzt. Kat erzählte, die Idee für den Switchword-Energiekreis sei entstanden, als ihr eine Freundin berichtete, dass sie einer anderen Person Bachblüten-Mittel »sendete«. Dazu tropfte sie die Mittel in ein Glas mit Wasser und stellte das Glas in einen auf Papier gezeichneten Kreis, der einen Pfeil hatte, welcher auf einen anderen Kreis mit dem Namen der entsprechenden Person darin zeigte. Es handelte sich also um eine Form der Fernheilung, bei der sich die Heilung auf eine Person richtet, die physisch nicht anwesend ist.

Kat entwickelte diese Technik weiter, indem sie den Namen der betreffenden Person in einen Kreis schrieb und das Glas mit Wasser daraufstellte, statt einen zweiten Kreis mit einem Pfeil zu verwenden. Und so, sagte sie, »wurden die Energiekreise geboren«.

Kat und ihre Freundin entdeckten dann, dass sich Switchwords, Zahlen, die Namen homöopathischer Mittel und mehr in einen Energiekreis schreiben ließen und der Name der entsprechenden Person hinzugefügt werden und dann alles, was in dem Kreis stand, wirkungsvoll direkt an die betreffende Person zur Heilung gesendet werden konnte. Kat weiter: »Wir fanden auch heraus, dass man Energiekreise mit Namen generell auf drei pro Person begrenzen sollte, weil mehr entweder überfordern oder einen oder mehr [der Kreise] ziellos deaktivieren.«

Wasser mit Switchwords und Bachblüten-Namen aufladen

Wasser speichert und verstärkt die Schwingung von Switchwords. Die Forschungsarbeiten des japanischen Alternativmediziners Masaru Emoto weisen darauf hin, dass von spezifischen Gedanken beeinflusstes Wasser besondere Eiskristalle ausformt und dass gedankliche Schwingungen die Art der Formen beeinflusst, die die Kristalle annehmen.

Er begann mit seinen Untersuchungen 1994 und beobachtete, dass destilliertes Wasser, das positiven Einflüssen ausgesetzt wurde – in Form von Musik, Gebeten, Bildern und Briefen –, höchst wunderbare, einmalige Kristalle bildete, wenn es gefroren wurde. Wasser hingegen, das negativ beeinflusst wurde (durch Dissonanzen oder Worte mit negativer Bedeutung), generierte beim Gefrieren im Vergleich dazu ebenfalls einmalige, aber deformierte Kristalle. Er erklärte: »Alles ist eine Kombination aus energetischen Schwingungen. Da Schwingung Resonanzen bildet, erzeugt sie einige konkrete Objekte.«

Indem man Wasser Switchwords aussetzt, wird es zum Medium für die Übertragung der Schwingungen unserer Worte und lässt »konkrete Objekte« – oder Ergebnisse – entstehen. Wie die Bachblüten-Mittel, welche die unverwechselbare Schwingung oder Lebensenergie einer über einen bestimmten Zeitraum in Wasser gelegten Pflanze in sich tragen, transportiert Switchword-Wasser den Code oder Schwingungsextrakt des Wortes, das deine Fähigkeit zur Manifestation stärkt.

Tipp: *Wie man Switchword-Wasser herstellt*
Füll ein Glas oder eine Flasche mit Wasser. Halt das Glas oder die Flasche und sprich oder denke deine Switchwords ein paar Minuten lang über dem Wasser, indem du sie als Mantra wiederholst (10-, 28- oder 108-mal). Trink ein wenig von dem Wasser. Die Switchwords werden das Wasser auch weiter mit Kraft versehen, wenn du es nicht trinkst, sodass du im Verlauf des Tages immer wieder ein wenig davon zu dir nehmen kannst.

Tipp: *Schreib die Switchwords auf das Gefäß*
Du kannst deine Switchwords auch auf deine Wasserflasche schreiben, bevor du mit dem Chanten beginnst. Schreib sie mit einem geeigneten Stift auf die Flasche. Wenn du ein Glas verwendest, dann schreib deine Switchwords mit dem Finger darauf. Es muss dazu nicht beschlagen sein, sodass man das, was du geschrieben hast, anschließend noch sehen kann. Zieh einfach mit dem Finger auf dem Glas die Schriftzüge der Worte als unsichtbares Symbol deiner Pläne nach.

Kats Glückswasser

Kat Miller experimentierte mit dem Switchword-Wasser, das sie als »Glückswasser« bezeichnet. Dabei entdeckte sie, dass man vor und nach dem Schreiben von Switchwords auf das Gefäß meist einen Geschmacksunterschied des Wassers feststellen kann.

Sie berichtete: »Meine Schwester hat zu Hause einen Umkehr-osmose-Wasserfilter. Sie wohnt etwa eine halbe Stunde von der Stadt entfernt. Immer wenn sie in die Stadt kam, nahm sie eine Kühltasche voller Flaschen mit gefiltertem Wasser mit. Sie trank ausschließlich ihr eigenes Wasser.

Eines Tages besuchte sie mich. Ich wollte ihr zeigen, was geschieht, wenn man LIEBE auf ein Gefäß mit Wasser schreibt. Ich nahm etwas (ungefiltertes) Leitungswasser und bat sie, es zu probieren. Sie tat es sehr zögerlich und sagte: ›Igitt‹, nachdem sie einen winzigen Schluck davon probiert hatte. Sie sagte, es rieche und schmecke nach Chlor.

Dann ließ ich sie mit dem Finger LIEBE auf das Gefäß schreiben und bat sie, es erneut zu probieren. Sie war erstaunt, dass es jetzt gut schmeckte, und innerhalb von wenigen Minuten hatte sie das ganze Glas leergetrunken. Der Geschmack von Bleichmittel war völlig verschwunden. Sie nimmt nun nicht mehr überallhin gefiltertes Wasser mit, sie verwandelt ihr Wasser einfach in Glückswasser und genießt es.«

Tipp: *Stell dein Switchword-Wasser auf einen Energiekreis*

»Wir haben herausgefunden, dass es etwa 15 Sekunden dauert, um Wasser mit dem Inhalt eines Energiekreises aufzuladen«, berichtet Kat Miller, »und dass man Wasser schrittweise mit zahlreichen Energiekreisen aufladen kann, um das Wasser anschließend zu trinken.«

1. Schaff deine Energiekreise, indem du, wie oben beschrieben, mit dem Namen der betreffenden Person (oder mit deinem Namen), dem Ort oder der Situation beginnst und deine gewählten Switchwords und Bachblüten-Switchwords hinzufügst, um anschließend alles mit einem gezeichneten, ungebrochenen Kreis zu umschließen.
2. Stell eine Flasche oder ein Glas mit Wasser auf den Energiekreis. Nach 15 Sekunden ist das Wasser aufgeladen, und man kann es trinken.

Die Schwingung der Switchwords bleibt selbst dann im Wasser erhalten, wenn es von dem Energiekreis weggenommen wird. Aber es ist auch in Ordnung, wenn man das Wasser für eine unbefristete Zeit auf dem Energiekreis stehen lässt.

Bachblüten-Switchwords für die emotionale Heilung

Bachblüten sind eine natürliche Medizin für die Gefühle und für die Seele. Sie helfen dabei, energetische Ungleichgewichte zu korrigieren, die zu bestimmten Verhaltensmustern führen. Die Namen der Bachblüten-Mittel sind inzwischen als heilende Switchwords übernommen worden. Du kannst diese Worte auch deinen Energiekreisen hinzufügen.

Überempfindlichkeit

AGRIMONY
Persönlichkeitszüge/Situation: Tragen einer Maske; ein Lächeln, hinter dem sich Angst verbirgt; Opfern der eigenen Gefühle aus Konfliktangst.
Switchword: Hilft bei der Selbstdarstellung und vermittelt inneren Frieden.

CENTAURY
Persönlichkeitszüge/Situation: Unfähigkeit, nein zu sagen; Bereitschaft zum Martyrium; ein exzessives Bedürfnis, anderen zu dienen und ihnen zu gefallen.
Switchword: Verleiht innere Stärke.

HOLLY
Persönlichkeitszüge/Situation: übersteigerte Eifersucht; Neid, Rachegelüste, Misstrauen.
Switchword: Hilft dabei, das Herz der göttlichen Liebe zu öffnen.

WALNUT
Persönlichkeitszüge/Situation: gelegentliches Abkommen vom rechten Weg durch andere Menschen.
Switchword: Schützt vor äußeren Einflüssen.

Angst

ASPEN
Persönlichkeitszüge/Situation: vage, unklare Ängste; Albträume.
Switchword: Lindert Beklommenheit.

CHERRY PLUM
Persönlichkeitszüge/Situation: irrationale Ängste; möglicher Nervenzusammenbruch.
Switchword: Hilft, das Gleichgewicht und die Kontrolle über seine Gedanken wiederherzustellen.

MIMULUS
Persönlichkeitszüge/Situation: Angst vor bestimmten Situationen wie Armut oder Einsamkeit, über die nicht gesprochen wird.
Switchword: Verleiht Mut.

RED CHESTNUT
Persönlichkeitszüge/Situation: Angst um geliebte Menschen, Sorge um ihr Wohlergehen; Vorwegnahme von Ungemach.
Switchword: Erzeugt Vertrauen, dass das Universum für die Betreffenden sorgen wird.

ROCK ROSE
Persönlichkeitszüge/Situation: Panik, extreme Angst.
Switchword: Hilft, wieder ruhig zu werden.

Überfürsorglichkeit und übertriebene Bedenken

BEECH
Persönlichkeitszüge/Situation: Intoleranz, Inflexibilität, Kritik an anderen.
Switchword: Öffnet den Blick für die guten Dinge im Leben.

CHICORY
Persönlichkeitszüge/Situation: erwürgende Liebe, Überfürsorglichkeit, besitzergreifende Liebe.
Switchword: Hilft dabei, die Selbstliebe und die bedingungslose Liebe für andere wiederherzustellen.

ROCK WATER
Persönlichkeitszüge/Situation: Bereitschaft zum Martyrium; Unterdrückung der eigenen Bedürfnisse, Selbstverleugnung.
Switchword: Erleichtert es, zu einer flexiblen Haltung zurückzufinden.

VERVAIN
Persönlichkeitszüge/Situation: übertriebener Enthusiasmus; Überanstrengung, Perfektionismus; Zwangsvorstellungen.
Switchword: Unterstützt bei der Wiederherstellung des Gleichgewichts.

VINE
Persönlichkeitszüge/Situation: Dominanz, Tyrannei; Selbstvertrauen, Arroganz.
Switchword: Schafft ein Gleichgewicht zwischen Herz und Verstand.

Unsicherheit

CERATO

Persönlichkeitszüge/Situation: mangelndes Vertrauen in die innere Führung/Intuition; mangelndes Selbstvertrauen, zu starke Orientierung an der Meinung anderer.

Switchword: Verleiht ein Gefühl der Sicherheit und des Selbstvertrauens.

GORSE

Persönlichkeitszüge/Situation: Hoffnungslosigkeit und Verzweiflung, wie sie von Kranken erfahren werden.

Switchword: Vermittelt Hoffnung und Weitblick.

GENTIAN

Persönlichkeitszüge/Situation: Zweifel; Glaubensverlust; das Gefühl, von der Quelle abgetrennt zu sein; Entmutigung durch einen Rückschlag.

Switchword: Hilft, wieder Vertrauen aufzubauen.

HORNBEAM

Persönlichkeitszüge/Situation: »Aufschieberitis«; Fehlen mentaler Energie; Erschöpfungsgefühl bei dem Gedanken, irgendetwas zu tun.

Switchword: Motiviert.

MUSTARD

Persönlichkeitszüge/Situation: unbegründete düstere Stimmung, die zum Rückzug von anderen führt.

Switchword: Bringt die Zufriedenheit zurück.

OLIVE
Persönlichkeitszüge/Situation: Burn-out; völlige Erschöpfung nach mentaler oder körperlicher Arbeit; das Leben wird als freudlos empfunden.
Switchword: Gibt Energie.

SCLERANTHUS
Persönlichkeitszüge/Situation: Unentschlossenheit, Schwanken von einer Position zur anderen, ohne normalerweise mit anderen darüber zu sprechen.
Switchword: Verleiht Ausgeglichenheit.

WILD OAT
Persönlichkeitszüge/Situation: Suche nach Zielstrebigkeit; Suche nach dem richtigen Berufsweg.
Switchword: Schenkt Sicherheit.

Interesselosigkeit, Apathie

CHESTNUT BUD
Persönlichkeitszüge/Situation: Unfähigkeit, aus wiederholten Fehlern zu lernen, oder unkonstruktive Verhaltensmuster.
Switchword: Unterstützt die Weiterentwicklung, indem die Lektionen aus der Vergangenheit gelernt werden.

CLEMATIS
Persönlichkeitszüge/Situation: Verträumtheit; mangelnde Konzentrationsfähigkeit; Ungeerdetheit; Leben in der Zukunft.
Switchword: Bewirkt einen Realitätscheck und die Fähigkeit, vollständig anwesend zu sein.

HONEYSUCKLE
Persönlichkeitszüge/Situation: Leben in der Vergangenheit; Unfähigkeit, mit Veränderungen oder Verlusten umzugehen.
Switchword: Hilft, in der Gegenwart zu leben und die Dinge so zu akzeptieren, wie sie sind.

WHITE CHESTNUT
Persönlichkeitszüge/Situation: ungewollt wiederkehrende Gedanken; geistiges Durcheinander.
Switchword: Bringt Frieden.

WILD ROSE
Persönlichkeitszüge/Situation: Kapitulation; Apathie, fehlende Motivation; Mattigkeit und Langeweile.
Switchword: Erzeugt Begeisterung.

CRAB APPLE
Persönlichkeitszüge/Situation: das Gefühl, unwürdig oder unrein zu sein.
Switchword: Erleichtert es, seine Überzeugungen oder emotionalen Erinnerungen loszulassen.

ELM
Persönlichkeitszüge/Situation: Gefühl der Überlastung und Verzagtheit aufgrund von zu viel Verantwortung.
Switchword: Stellt die Fähigkeit wieder her, in ausgewogener Weise Dinge zu meistern und für sich selbst zu sorgen.

Einsamkeit

HEATHER
Persönlichkeitszüge/Situation: Unfähigkeit, allein zu sein; zwanghaftes Reden.
Switchword: Fördert das Zuhören und den gegenseitigen Austausch und mildert die Ichbezogenheit.

IMPATIENS
Persönlichkeitszüge/Situation: ungeduldig; unterbricht andere, während sie reden; will Dinge allein tun.
Switchword: Hilft, Ausgeglichenheit entstehen zu lassen und sich weniger getrieben zu fühlen.

WATER VIOLET
Persönlichkeitszüge/Situation: extreme Selbstständigkeit; ruhiger Typ mit der Tendenz, sich in sich selbst zurückzuziehen und unnahbar zu erscheinen.
Switchword: Befähigt zur Kommunikation mit anderen.

Niedergeschlagenheit und Verzweiflung

LARCH
Persönlichkeitszüge/Situation: Minderwertigkeits- und Unterlegenheitsgefühl.
Switchword: Schenkt Selbstvertrauen.

OAK
Persönlichkeitszug/Situation: willensstarker Kämpfer, stets hoffnungsvoll im Angesicht fortlaufender Herausforderungen.
Switchword: Verleiht Kraft und Stärke.

PINE

Persönlichkeitszüge/Situation: Schuldgefühle und Selbstbezichtigungen selbst dann, wenn kein Verschulden besteht.
Switchword: Vermittelt Selbstwertgefühl.

STAR OF BETHLEHEM

Persönlichkeitszüge/Situation: Schock, schwerer Verlust, Trauma.
Switchword: Hilft, das Erlebte zu verarbeiten und sich davon zu erholen; lindert eine emotionale Erstarrung.

SWEET CHESTNUT

Persönlichkeitszüge/Situation: Trostlosigkeit; seelische Düsternis; Erreichen der Grenze vor einem persönlichen Durchbruch.
Switchword: Vermittelt Hoffnung und Freude.

WILLOW

Persönlichkeitszüge/Situation: Opferrolle und Verbitterung.
Switchword: Erzeugt Versöhnlichkeit.

Ein Bachblüten-Switchword auswählen

Sieh dir die obige Liste an und entwickle ein Gefühl dafür, welche Worte anziehend auf dich wirken. Verwende dann den in Kapitel 2 beschriebenen kinesiologischen Fingermuskeltest, um herauszufinden, mit welchen Worten du eine Resonanz bildest: Sag das Wort, während du versuchst, den aus Daumen und Zeigefinger der einen Hand gebildeten Kreis mit dem Finger der anderen Hand aufzubrechen. Wenn der Kreis hält, bestätigt dies das Wort für dich. Wenn er bricht, während du das Wort sprichst, zeigt dies, dass es sich um ein für dich schwaches Wort mit geringer Resonanz handelt.

Nimm die für dich bestätigten Namen der Bachblüten-Mittel und kombiniere sie mit jedweden Switchwords, die dich beim Erreichen deines Ziels unterstützen. Probier es, um dich beispielsweise von einem Schock oder einer Verletzung zu erholen, mit STAR OF BETHLEHEM-SEIN (STAR OF BETHLEHEM hilft bei der Überwindung eines Traumas, SEIN vermittelt Frieden). Wenn du unter Angst leidest, versuche es mit BLUFF-ASPEN (BLUFF und ASPEN helfen beide gegen Angst). Du kannst die Switchwords in der Reihenfolge sagen, die dir richtig erscheint. Du kannst auch, wie oben beschrieben, ein Bachblüten-Switchword in deine Energiekreise mit einschließen.

Bestimme den Hertz-Wert: Wellenfrequenzwerte

Wellenfrequenzwerte, üblicherweise in Hertz (Hz) oder Zyklen pro Sekunde angegeben, können zusammen mit deinen Switchwords eingesetzt werden, um einen Wunsch zu verstärken oder zu spezifizieren. Sie werden häufig den bereits beschriebenen Energiekreisen hinzugefügt.

Die Quellen dieser Zahlen sind unglaublich unterschiedlich und reichen von Gehirnfrequenzen bis zu der als »Solfeggio« bekannten Tonlehre. Dann gibt es noch die Schumann-Resonanzen, Indikatoren für Blitze, und die Rife-Frequenzen, ein Spektrum von Heilfrequenzen, das auf der umstrittenen Heilmethode Radionik basiert.

Es gibt kein einheitliches System. Heilzahlen, die als Ergänzung zu unseren normalen Switchwords eingesetzt werden, scheinen ein aus unterschiedlichen Traditionen zusammengestelltes Sammelsurium darzustellen, das als Gedankenmedizin für bestimmte

Leiden oder als Impulse für Bewusstseinsveränderungen angeboten wird. Als Empfehlung für dich hier eine kleine exemplarische Auswahl aus Hunderten von Heilzahlen, die mit Switchwords kombiniert werden können:

- Gehirnwellenfrequenzzahlen: 10 Hz wird mit der Ausschüttung von Serotonin und daher mit einer Verbesserung der Stimmung und der Konzentrationsfähigkeit verbunden. Es ist eine Gehirnwellenfrequenz im Alpha-Zustand, in dem das Gehirn einen entspannten Optimismus aufweist. Die Gehirnwellenfrequenz bei Spitzenleistung beträgt 40 Hz (es gibt allerdings auch ein paar Quellen, denen zufolge dies bei 10 Hz möglich ist). Für eine Spitzenleistung etwa während einer Sportveranstaltung könntest du folgende Switchword-Kombination wählen: ZUSAMMEN-KAMPF-40. ZUSAMMEN, das Meister-Switchword, bringt deine unbewussten mit deinen bewussten Überzeugungen in Übereinstimmung; KAMPF steht für das Gewinnen bei einem Wettkampf, 40 unterstützt dich, in diesem Wettkampf eine Spitzenleistung zu vollbringen.

- Schumann-Resonanzzahlen: 7,83 Hz wird möglicherweise als die Frequenz für den Herzschlag des Planeten betrachtet, weil sie für unsere physische Funktionsfähigkeit nötig ist. Raumschiffe haben Generatoren, die diese Frequenz nachahmen, um das Wohlbefinden der Astronauten zu sichern. Der Physiker Wilfried Otto Schumann (1888–1974) erkannte, dass die Ionosphäre der Erde einen Hohlraumresonator mit bestimmten Resonanzfrequenzen bildet, die durch Blitze vermindert oder erhöht werden können. Die von ihm berechneten resonanten Wellen des Hohlraumresonators nennt man »Schumann-Resonanzen«. Obwohl es derzeit keine aussagekräftigen Daten gibt, die einen Zusammenhang zwischen diesen präzisen Frequenzen mit bestimmten Bewusstseinszuständen belegen, werden die folgenden Resonanzen mit geistigen Funktionsweisen in Verbindung gebracht:

- 7,83 Hz: Grundresonanz, Puls der Erde.
- 14,3 Hz: Regt an, unterstützt ein Studium.
- 20,8 Hz: Verbessert die Gehirnfunktion, verleiht Energie.
- 27,3 Hz (eine Oktave über 7,83 Hz) und 33,8 Hz: Fördern das kreative Denken und die Konzentration.
- Zahlen der Solfeggio-Skala: Vielleicht hast du schon davon gehört, dass 528 Hz als Liebesfrequenz bezeichnet wird. Hier der Grund: Die Solfeggio-Tonlehre besteht aus einer Tonleiter mit sechs Tönen, wie sie im gregorianischen Gesang verwendet wurden. Um die Mönche dazu zu bringen, die Töne korrekt zu singen, entwickelte Guido von Arezzo (um 992–1050) eine Methode des Vom-Blatt-Singens mit den Tonsilben ut-re-mi-fa-sol-la, die sich die Schüler über die Melodie des Johannes-Hymnus »Ut queant laxis« von Paulus Diaconus (um 720–799) zu merken hatten. Sie enthält alle sechs Töne in aufsteigenden Sätzen. Hier die ersten Zeilen der Hymne und eine freie, künstlerische Übersetzung:

Ut queant laxis resonare fibris
Mira gestorum famuli tuorum,
Solve polluti labii reatum,
Sancte Iohannes.

(»Dass von deinen Dienern dein Ruhm gesungen werde, lös' Johannes,
das Band der Zungen, Nimm die Sünde fort aus dem schuldbedeckten Mund,
dem befleckten! [Deutsch von Lebrecht Dreves, 1816–1870].)

C: »ut queant laxis«.
396 Hz: Wirkt befreiend bei Schuldgefühlen und Angst.

D: »resonare fibris«.
417 Hz: Erleichtert es, Situationen aufzulösen und eine Veränderung zu vollziehen.

E: »mira gestorum«.
528 Hz: Ermöglicht Liebe, Umgestaltung und Wunder; die Reparaturfrequenz für eine beschädigte DNA.

F: »famuli tuorum«.
639 Hz: Stellt eine Verbindung wieder her; hilft, das Gleichgewicht wiederherzustellen und Beziehungen zu verstehen.

G: »solve polluti«.
741 Hz: Hilft beim Problemlösen und bei der Selbstentfaltung.

A: »labii reatum«.
852 Hz: Weckt die Intuition; steht für einen spirituellen Auftrag.

In der Solfeggio-Skala sind auch nachgeordnete Töne vorhanden:
963 Hz: Fördert die Entstehung eines perfekten Zustands.
174 Hz: Lindert Schmerzen.

- Wir können die Beziehung zwischen dem Ton E, 528 Hz, und Wundern sehen. »Mira gestorum« bedeutet »Wunder wirkend«, »solve polluti« ist die Aufforderung, etwas Beschmutztes zu reinigen, und kann auf das Lösen von Problemen und auf Selbstentfaltung bezogen werden.

- Die mit jedem Ton verbundenen Frequenzen entsprechen Vorschlägen von Dr. Joseph Puleo und Dr. Leonard G. Horowitz, aber angesichts der Tatsache, dass die Hymne im 8. Jahrhundert komponiert wurde, als es noch keine Konzertstimmung gab, können wir nicht mit absoluter Sicherheit wissen, ob der Ton E zum Beispiel tatsächlich mit 528 Zyklen pro Sekunde geschwungen hat. Zahlentheoretiker weisen darauf hin, dass die Zahlenmuster, welche die Solfeggio-Frequenzen bilden – 1, 7, 4, 2, 8, 5 und 3, 9, 6 –, einen Bezug zu mathematischen oder mystischen Zahlensystemen haben könnten.

- Probiere, wie bei allen Switchwords, auch hier aus, welche bei dir funktionieren. Du kannst dir die 528-Hz- und die anderen Solfeggio-Frequenzen auf vielen Websites anhören. Teste ihre Brauchbarkeit auch mit dem in Kapitel 2 beschriebenen Fingermuskeltest.

- Rife-Frequenzen: Der amerikanische Erfinder Royal Raymond Rife (1888–1971) entwickelte eine Maschine, die Resonanzen aussendete, von denen er annahm, dass sie Krankheitserreger zerstörten oder schwächten. Mit diesen Resonanzen wollte er Krankheiten im Körper bekämpfen, und zwar auch solche, die nicht von Erregern ausgelöst werden. Beispielsweise ist die Rife-Frequenz für die Behandlung von Alkoholismus sowie von Bauch-, Ohren- und Kopfschmerzen und weiterer Leiden 10 000 Hz. Rifes Erkenntnisse und seine Maschine wurden von der medizinischen Gemeinschaft abgelehnt, weil seine Thesen nicht objektiv verifiziert werden konnten. Doch besteht weiter Interesse an seiner Arbeit. Siehe dazu etwa: www.rife.de.

Einen Switchword-Satz mit einer Heilzahl erstellen: Solfeggio-Zahlen

GÖTTLICHE ORDNUNG-396
GÖTTLICHE ORDNUNG-417
GÖTTLICHE ORDNUNG-528
GÖTTLICHE ORDNUNG-639
GÖTTLICHE ORDNUNG-741
GÖTTLICHE ORDNUNG-852

Du kannst die Zahlen, mit denen du in Resonanz trittst, aber auch mit Switchwords kombinieren, die dir dein Ziel herbeibringen. Zwei Beispiele:

- Um Liebe zu erfahren, kannst du es mit LIEBE-528 (Solfeggio) versuchen.
- Um kreativ zu schreiben, probiere es mit KICHERN-AN-27,3 (Schumann).

Heilzahlen in Energiekreisen verwenden

Du kannst auch den bereits beschriebenen Energiekreisen Heilzahlen hinzufügen.

Kapitel 6

Weitere Techniken

Switchwords, Klopfen und NLP

Techniken der emotionalen Freiheit

Mit dem bereits mehrfach angesprochenen Klopfen (auch bekannt als EFTs: Emotional Freedom Techniques, Techniken der Emotionalen Freiheit) ist das in einer bestimmten Reihenfolge ausgeführte Klopfen mit zwei Fingern auf diverse Akupunkturpunkte am Körper oder an den Fingern der anderen Hand gemeint, während laut ein Satz gesagt wird, der ein Problem beschreibt und mit bestimmten Gefühlen verbunden wird. Jüngste Untersuchungen an der Harvard University sowie andere Studien haben gezeigt, wie die Stimulierung spezieller Akupunkturpunkte auf den Meridianen bewirkt, dass Teile des Gehirns beruhigt werden, die mit Angstreaktionen in Verbindung stehen.

Außerdem wird Klopfen sehr erfolgreich für die Behandlung von Phobien, posttraumatischen Belastungsstörungen, Leistungsangst, physischen Schmerzen und Suchtkrankheiten eingesetzt und hilft etwa, mit dem Rauchen aufzuhören und Gewicht zu verlieren. Es basiert auf der Gedankenfeldtherapie (Thought Field Therapy, TFT) des US-amerikanischen Psychotherapeuten Roger J. Callahan, die durch Aufdeckung eines Problems oder durch »psychologische Umkehrung« zu einer Desensibilisierung führt. Beim traditionellen Klopfen wird die Formulierung eines Problems laut wiederholt, sodass das Gehirn es als weniger oder gar nicht bedrohlich einstuft. Während des Klopfprozesses kommen möglicherweise die verdeckten Unstimmigkeiten an die Oberfläche, die mit dem thematisierten Problem verbunden sind, sodass sie auf energetischer Ebene geklärt werden können.

Klopfen ist wegen seiner Auswirkungen auf das Unbewusste auch eine wirkungsvolle Möglichkeit, positive Worte »einzuklopfen«, und bietet eine vorzügliche Leitung für Switchwords.

Es gibt am Körper acht und an den Fingern vier Klopfpunkte sowie den sogenannten Karateschlagpunkt an der Hand. Du kannst auf die Akupunkturpunkte am Körper oder, wenn du das lieber magst, auf die an den Fingern klopfen (was unauffällig beim Reisen oder in allen anderen öffentlichen Bereichen möglich ist). Das Klopfen nimmt nur wenige Augenblicke in Anspruch, und manche mögen diese Technik, weil sie das Bewusstsein beschäftigt und es durch eine Handlung ablenkt, während sich die Switchwords daranmachen, das Unbewusste zum Freischalten eines Ziels zu bringen.

Wir beginnen mit dem Einklopfen der Switchwords mit etwas, das als »Ausrichtungsaussage« bezeichnet wird – mit einem Satz, der unsere Situation zusammenfasst und dabei hilft, jedwede negativen Selbstgespräche oder Urteile hinsichtlich der Bitte zu löschen. Anschließend arbeiten wir uns durch die Klopfpunkte und sagen oder denken an jedem Punkt das entsprechende Switchword. Weitere Worte brauchst du nicht zu sagen. Rezitiere einfach nur das Switchword und klopf mit zwei Fingern auf die entsprechenden Stellen.

Klopfpunkte am Körper

1. Der Karateschlagpunkt an der fleischigen Seite der Hand (Handkante).

2. Der innere Punkt der Augenbrauen, etwa dort, wo sie beginnen.
3. Seitlich des Auges zwischen dem äußeren Punkt des Auges und der Schläfe.
4. Mittig unter dem Auge, auf dem Jochbein.
5. Unter der Nase zwischen Nase und Oberlippe.
6. Auf dem Kinn, in der Kinngrube.
7. Direkt unter dem Schlüsselbein, zum Hals hin.
8. Etwa zehn Zentimeter unter dem Arm, bei Frauen dort, wo das untere BH-Band verläuft.
9. Oben auf dem Kopf.

Klopfpunkte an den Fingern

1. Daumenseite.
2. Zeigefingerseite.
3. Mittelfingerseite.
4. Seite des kleinen Fingers.

Der Ringfinger wird beim Fingerklopfen ausgelassen, aber wenn du vergisst, dort nicht zu klopfen, macht das nichts – es ist bloß nicht wirkungsvoll.

Wie du dein Switchword einklopfen kannst

- Fang damit an, das Switchword zu identifizieren, das deinen Wunsch oder dein Ziel verkörpert. Als Beispiel werden wir hier das Geld-Switchword SICHERHEIT verwenden.
- Klopf auf den Karateschlagpunkt und sprich mit lauter Stimme eine Ausrichtungsaussage, etwa: »Auch wenn ich dieses Problem habe/in dieser Situation bin/diesen Wunsch habe, akzep-

tiere ich mich vollkommen.« Präzisiert könnte die Aussage lauten: »Auch wenn ich im Moment Geld brauche, akzeptiere ich mich vollkommen.« Sprich die Ausrichtungsaussage dreimal, während du fünf- bis siebenmal auf die Handkante klopfst.

- Jetzt klopf dein Switchword auf jedem der acht Klopfpunkte an deinem Körper oder auf den vier Punkten an deinen Fingern ein. Beispielsweise:

- Innen an der Augenbraue: SICHERHEIT.
- Seitlich des Auges in Richtung Schläfe: SICHERHEIT.
- Unter dem Auge: SICHERHEIT.
- Unter der Nase: SICHERHEIT.
- In der Kinngrube: SICHERHEIT.
- Innen unter dem Schlüsselbein: SICHERHEIT.
- Unter dem Arm: SICHERHEIT.
- Oben auf dem Kopf: SICHERHEIT.
- Oder wenn du die Klopfpunkte an den Fingern nutzen willst:
- Daumenseite: SICHERHEIT.
- Zeigefingerseite: SICHERHEIT.
- Mittelfingerseite: SICHERHEIT.
- Seite des kleinen Fingers: SICHERHEIT.
- Atme tief durch und wiederhole das Ganze noch zweimal.

Sians Switchword-Klopfen gegen Prüfungsangst

Meine Klientin Sian musste zum ersten Mal einen Vortrag vor rund fünfzig Leuten halten. Der Gedanke daran versetzte sie in ein Gefühlschaos. »Jedes Mal, wenn ich versuche, meinen Vortrag durchzustrukturieren oder dafür zu üben, bin ich blockiert, weil ich denke, dass ich scheitern werde«, gestand sie.

Sian hatte das Klopfen bereits erfolgreich (ohne den Gebrauch von Switchwords) als Hilfe gegen Migräne eingesetzt und war nun bereit, es mit dem Einklopfen von Switchwords zu probieren, um ihre Furcht vor einem Scheitern zu besänftigen. Sie wählte ZU-SAMMEN (»Dieses Wort macht mich ruhiger«) und GOLD, um unter Druck erfolgreich zu sein, und sagte ZUSAMMEN-GOLD, während sie auf ihre Finger klopfte.

Nach drei Runden des Switchword-Klopfens fühlte sie sich etwas zuversichtlicher. Als der Vortrag bevorstand, klopfte sie eine Stunde vorher das Switchword der Redner AUFTRETEN ein, um in Stimmung für eine öffentliche Rede zu kommen. Und ohne eine durch Angst vor einem Scheitern verursachte Blockade ging sie an das Rednerpult. Sie begann zu sprechen, und ihre Worte kamen ihr leicht über die Lippen.

Wenn du dich näher mit dieser Technik beschäftigen willst, kannst du zum Beispiel Begriffe wie »EFT Anleitung« in der Suchmaschine eingeben, woraufhin dir eine große Auswahl an Websites zum Thema gezeigt wird.

NLP: Wie du deine Switchwords durch Bilder verstärken kannst

Sprich diese Worte: BIEGUNG, WINZIG, SCHWUNG. Und sofort erzeugst du eine bildliche Vorstellung. Diese verbindet sich mit dem Unbewussten und der rechten Gehirnhälfte, die für Gefühle, Bilder und Intuition zuständig ist. Das Bild zu BIEGUNG kann ein Halbmond sein, das zu WINZIG ein kleines Spielzeug und das zu SCHWUNG ein Tennisspieler, der einen Aufschlag zurückschlägt.

Das sind jedenfalls meine Bilder, du kannst natürlich andere assoziieren. Wir haben keine Kontrolle über diesen Vorgang: Wenn wir ein Switchword sagen, steigen sie spontan aus unserem Unbewussten auf. Es ist jedoch interessant, sich dieser Bilder gewahr zu werden, sodass man beginnt, eine bewusste Verbindung zwischen dem Bild und dem Wort aufzubauen. Wenn du Switchwords regelmäßig einsetzt und vertraut mit ihnen bist, stellst du eventuell fest, dass das Bild kurz vor dem Wort auftaucht. Ein häufig mit ERREICHEN verbundenes Bild ist eine nach oben ausgestreckte Hand. Es schießt dir möglicherweise durch den Kopf, noch bevor du das Wort in Gedanken oder beim Sprechen beendet hast.

Switchwords und NLP

NLP oder Neuro-Linguistisches Programmieren ist eine Therapieform, die Worte und Bilder nutzt, um unerwünschte Überzeugungen und Verhaltensweisen zu beseitigen. Die Therapeuten setzen Visualisierungs-, Bewegungs- und Sprachtechniken bei ihren Klienten ein, um eine positive Veränderung zu bewirken. Switchwords basieren zwar nicht auf NLP, aber es gibt Ähnlichkeiten im Ansatz. NLP hat seine eigene Zusammenstellung von »magischen Worten«, die während der Therapie verwendet werden. Einige davon stammen aus Marketing- und Werbestrategien, wo sie eine emotionale Reaktion auf ein Produkt oder eine Verbundenheit mit dem Unternehmen beim Käufer erzeugen sollen. Zu den magischen Worten des NLP gehören »bemerkenswert«, »Geheimnis«, »begeistert«, »nehmen«, »du«, »Verbesserung«, »erstaunlich«, »frei«, »weil«, »Hilfe«, »fördern«, »steigern«, »erzeugen«, »entdecken«, »jetzt«, »sofort«, »neu«, »natürlich« und »bewusst«. Die Begriffe »nehmen«, »erstaunlich«, »Hilfe«, »erzeugen«, »entdecken« und »neu« können auch als Switchwords verwendet werden.

Visualisierungstechniken bilden ein zentrales Element der NLP-Praxis. Switchwords greifen ja auf ein spezielles Vokabular zurück, das häufig Bilder heraufbeschwört (Switchwords können sozusagen als »Ein-Wort-Visualisierungen« definiert werden). Insofern gibt es sicher eine Ähnlichkeit zwischen NLP und Switchwords, als sie die grundsätzliche Überzeugung teilen, dass Worte und Bilder, die auf eine bestimmte Weise verwendet werden, eine dauerhafte Veränderung bewirken können.

Die NLP-Anwenderin Christina berichtete mir, wie sie für sich selbst NLP mit Switchwords kombiniert:

Christinas NLP-Switchword-Gebrauch gegen zu viel Grübelei

Christina sagte, sie habe die Anwendung von AUS probiert, um einschlafen zu können. Aber sie habe nicht das erwünschte Resultat erzielt, denn: »Mein Gehirn ist einfach noch so aktiv, wenn ich ins Bett gehe, dass ich meine Gedanken nicht bremsen kann. Darum habe ich versucht, AUS zu sagen. Doch es hat sich nicht so angefühlt, als würde es registriert werden. Ich wollte meine Gedanken zum Stillstand bringen, und ich hatte das Gefühl, dass mir möglicherweise STOPP gegen mein überaktives Denken helfen könnte. Darum habe ich das Stoppschild aus dem Straßenverkehr visualisiert und wiederholt STOPP vor mich hin gesagt. Und plötzlich stellte ich fest, dass ich die Grübelei eingestellt hatte. Ich begann anders zu atmen, etwas Friedliches überkam mich und ich schlief ein. Manchmal verwende ich STOPP und dann AUS, um schnell einzuschlafen. Bei anderer Gelegenheit wirkt STOPP allein gut genug.«

Christina experimentierte auch mit ihrem Bild vom Stoppschild. Sie hatte solche Übungen schon oft vollzogen, da es zu ihrem NLP-Training gehörte, und daher fühlte sie sich wohl dabei, wenn sie mit mentalen Bildern arbeitete. »Ich machte das Schild größer, rückte es näher an mich heran und sah, dass meine Gedanken als eine Art graue Wolke auftauchten, die verschwamm und sich in den Hintergrund entfernte. Je dichter ich mein Stoppschild an mich heranbrachte, desto mehr Gedankenwolken wichen nach hinten zurück. Das Wort ›Stopp‹ wurde schärfer und heller, und sobald ich das Schild nicht mehr noch dichter an mich heranrücken konnte, hörten die Gedanken auf – die Visualisierung meines persönlichen Switchwords hatte funktioniert.«

Die Verknüpfung von Switchwords mit einer Visualisierung verstärkt die Wirkung unserer Anwendung, weil wir das Switchword dadurch mit Gefühlen und Vorstellungen aufladen, zwei Merkmalen des Unbewussten. Über unsere Sinne übermitteln wir dem Universum so eine kraftvolle Botschaft, uns das zu bringen, worum wir bitten.

Tipp: *Verbinde Switchwords mit bildlichen Vorstellungen*

1. Such dein Switchword aus.
2. Schließ die Augen und atme tief ein.
3. Stell dir dein Switchword bildlich vor: Sieh es auf einer Reklametafel, einem Verkehrsschild, einem Plakat oder als Tattoo. Mal das Wort in deiner Fantasie mit einem Pinsel auf eine Leinwand, schreib es auf eine Karte oder tipp es in großen Buchstaben in eine E-Mail.
4. Experimentiere mit dem Erscheinungsbild; lass es größer und kleiner werden. Kannst du den Unterschied spüren?
5. Gib dem Bild jetzt Ausdruckskraft. Mal die Buchsta-

ben mit einer intensiven Farbe an. Verleih ihnen ein orangefarbenes oder gelbes Leuchten. Umgib sie an den Außenrändern mit Lichtern oder füg andere Umrisse hinzu. Gestalte das Wort so intensiv und farbig, wie du nur kannst. Lass es größer und strahlender werden. Indem du das Bild intensiver werden lässt, löst du eine emotionale Reaktion auf das Switchword aus, und dein Unbewusstes nimmt es wirklich wahr.

6. Betrachte das Bild jetzt. Fühl, wie es sich deinem Gedächtnis einprägt.

Wenn du das Switchword das nächste Mal verwendest, wirst du feststellen, dass dieses Bild ganz natürlich zusammen mit ihm in deinem Geist auftaucht.

Anhang I:
Der Ursprung der Switchwords

Switchwords – die modernen magischen Worte – wurden von James T. Mangan entwickelt. Um den Ursprung des Begriffs »Switchword« aufzudecken, wenden wir uns jedoch zunächst einmal Sigmund Freud zu. In seinem *Bruchstück einer Hysterie-Analyse* von 1905 bezeichnet Freud bestimmte doppeldeutige Worte als »Wechsel« (in der englischen Fassung dieser Schrift, dem »Fragment of an Analysis of a Case of Hysteria«, nennt er die Wechsel »switch-words«): »Zweideutige Worte sind aber wie ›Wechsel‹ für den Assoziationsverlauf. Stellt man den Wechsel anders, als er im Trauminhalt eingestellt erscheint, so kommt man wohl auf das Geleise, auf dem sich die gesuchten und noch verborgenen Gedanken hinter dem Traum bewegen.«

Dieser Kommentar Freuds erfolgte im Rahmen seiner Interpretationen der Träume seiner Patientin Dora, in denen sie von einem »Schmuckkästchen« spricht, das für Freud ein sexuelles Symbol darstellt: Das Wort ist ein Wechsel, ein Knotenpunkt oder eine Wortbrücke; es hat eine wörtliche und eine verborgene Bedeutung.

Der französische Psychoanalytiker Jacques Lacan weist 1977 in *Écrits* auf einen möglichen Nutzen solcher »Wechsel« oder Switchwords hin, insofern sie als eine Art Metapher betrachtet werden könnten, die, indem sie zu einem »Wechsel in der Aufmerksamkeit« führten, dabei helfen würden, einen »belastenden psychologischen Konflikt« aufzulösen.

Seit den Sechzigerjahren kursiert jedoch ein spezifisches Switch-word-System, das nicht durch einen Psychologen festgelegt, sondern durch einen leitenden Werbefachmann aus Illinois geschaffen wurde. Switchwords, wie sie heute verwendet und in diesem Buch beschrieben werden, sind das geistige Produkt von eben-jenem James T. Mangan (1896–1970), einem anregenden Autor, leitenden Werbefachmann und Unternehmer.

Seinem Enkel Dean Stump zufolge befand sich Mangan 1948 in seinem Chigagoer Büro und diskutierte mit seinem Kollegen Everett Eckland über außersinnliche Wahrnehmungen (ASW) und darüber, wie Gedanken durchs All reisen könnten, als Mangan mit Blick auf den Weltraum bemerkte: »Ich frage mich, wem er gehört.« Wenig später gründete Mangan die Nation of Celestial Space (»Nation des Himmlischen Raums«) und erklärte sich zum Besitzer des gesamten Weltraums. »Eine neue, kühne, unverschämte Idee«, gestand er 1949 gegenüber *Science Illustrated* und verriet seine Pläne, irgendwann Stücke des Weltraums in der Größe der Erde für einen Dollar das Stück zu verkaufen. Doch ihm wurde bald klar, dass diese Idee nicht tragfähig war. Als sein Anspruch auf die Nation of Celestial Space, die er auch »Celestia« nannte, nicht anerkannt wurde, beantragte er einen Sitz bei den Vereinten Nationen und verwies auf 100 000 Unter-stützer.

Mangan glaubte auch, dass sein Staat den Menschen eine fried-lichere Perspektive eröffnen würde, und er hatte vor, zum Hüter des Weltalls zu werden. Er sprach sich gegen Waffen im All aus und warb unter anderem für Weltraumreisen. »Wenn Ihnen etwas von 13 000 Kilometer im Durchmesser und mit einem Umfang von 40 000 Kilometer gehören würde, könnte Ihnen möglicher-weise bewusst werden, dass Krieg etwas Lachhaftes ist«, erklärte er. »Mein Staat könnte den Menschen sogar genug Gedankengröße, eine hinreichend große Geringschätzung geben, um internationale Streitereien als kleinkariert zu empfinden.« Mangan war derart fest entschlossen, Celestia offiziell zu gründen, dass er entsprechende Pässe und Münzen anfertigen ließ. Eine dieser Münzen zeigte den Kopf seiner Tochter, Ruth Mangan, als allegorische Figur der Großzügigkeit. Großzügigkeit ist auch eins von Mangans Switchwords, das er aufsagte, um die Freigebigkeit zu fördern und kleinliche Haltungen zu unterbinden.

Mangans Switchword-Liste ist in seinem 1963 erschienenen Buch *The Secret of Perfect Living* enthalten. Hier führt er eine Philosophie des persönlichen Erfolgs aus, die auf der Idee basiert, dass ein einziges Wort die »Maschine« des Unbewussten anwerfen kann, um einen positiven Wandel zu bewirken. Es ist nicht bekannt, ob Mangan davon wusste, dass Freud im Englischen den Begriff »switch-word« verwendet hatte. Jedenfalls deutet Freuds Kommentar bereits auf die Möglichkeit einer Sprache des Unbewussten hin, die Mangan erkannte und weiterentwickelte. Über 45 Jahre lang stellte Mangan zu den in seinem bahnbrechenden Buch aufgeführten Switchwords Untersuchungen an.

James T. Mangan und das neue Denken

Mangans Buch kann als Teil der Neugeist-Bewegung (New Thought Movement) betrachtet werden, die sich in der zweiten Hälfte des 19. Jahrhunderts in den Vereinigten Staaten herauszubilden begann. Sie vertrat die These, dass Denken, Meditation und Gebete jene bessere Realität erzeugen können, die wir verdienen. Durch Selbstvertrauen und die Auflösung emotionaler Blockaden könnten wir wohlhabend und erfolgreich werden – ein Konzept, das uns auch heute noch entzückt, was wie gesagt der internationale Erfolg des

Buchs und des Films *The Secret. Das Geheimnis* von Rhonda Byrne beweist. Drei namhafte Titel inspirierten *The Secret*: das erstmals 1910 erschienene Buch von Wallace D. Wattles *Die Wissenschaft des Reichwerdens*, das 1916 folgende Werk von Charles Haanel *The Master Key System: Der Universalschlüssel zu einem erfolgreichen Leben* sowie *The Secret of the Ages* von Robert Collier, das 1926 veröffentlicht wurde.

Haanel schreibt in *The Master Key System*: »Wir erschaffen durch das Denken, das wir erzeugen, unseren eigenen Charakter, unsere Persönlichkeit und unsere Umwelt ... Geistige Ströme sind so real wie elektrischer oder magnetischer Strom oder wie Wärmestrom. Wir ziehen die Ströme an, mit denen wir uns in Harmonie befinden.« Damit benennt er das Gesetz der Anziehung, das Leitprinzip von *The Secret*, wonach Gleiches Gleiches anzieht.

Erzeuge durch deine Gedanken eine Schwingung, und du ziehst Erfahrungen der gleichen Qualität an und empfängst sie. Das Leben antwortet in Form von Sachleistungen auf deine Wünsche. Je positiver also das Denken und die dahinterstehende Überzeugung, desto mehr Überfluss materialisiert sich. Wenn unsere Gedanken mit der Resonanz des Wunsches schwingen, erfüllt sich der Wunsch. Um Wünsche erfolgreich wahr werden zu lassen, müssen wir an das Ergebnis glauben und uns tatsächlich so fühlen, als wäre es bereits Wirklichkeit geworden. Wir erzeugen die Realität, die wir haben wollen, durch die Kraft unserer Gedanken und senden unseren Wunsch an ein empfangsbereites, wohlwollendes Universum, das uns den Wohlstand bringen will, den wir alle verdienen. Zu diesem Konzept gehört der Glaube, dass das Universum lebendig sein muss, wenn es auf uns reagieren soll.

In *The Secret of Perfect Living* beschreibt Mangan, wie er am 10. März 1951 eine aus einem Wort bestehende »Formel für alles« entdeckte: »Ein Wort fiel aus dem Himmel und in meine Arme ...

Das Wort schien lebendig zu sein, und wie ein lebender Geist sagte es voller Überzeugung und unmissverständlich: ›Ich bin das WIE in *Wie man glücklich wird auf dieser Welt*.‹« Das Wort war das vertraute, höchst einleuchtende Wort ZUSAMMEN. »Ich begann, leise zu mir selbst ZUSAMMEN zu sagen; leicht, ohne Befehl. Kein Ausrufezeichen folgte, und kein Verb oder Adjektiv wurde damit verbunden. ZUSAMMEN. Weiter nichts. ZUSAMMEN. Dann eine Pause. Und dann – ZUSAMMEN ... Nachdem ich ein halbes Jahrhundert lang mit mir selbst gekämpft, mit mir selbst wegen jedes kleinen Problems und jeder kleinen Entscheidung gerungen hatte, fand ich mich plötzlich *auf meiner eigenen Seite* wieder ...« Mangans Erfahrung der »Selbstzusammengehörigkeit« während der nachfolgenden Woche bewies ihm, »dass der beste Weg für Ihr und mein Bewusstsein, mit unseren unbewussten Seiten zu kommunizieren, darin besteht, es über das Medium eines *einzigen Wortes* zu tun«.

Mangans Sprache in *The Secret of Perfect Living* entspricht der des Pioniers der Neugeist-Bewegung. Charles Haanel mit *The Master Key System* und Mangan mit seiner Bezeichnung von Switchwords als »Schlüssel für jedes Schloss« empfehlen gleichermaßen, Körper und Geist als »Maschine« zu betrachten, die durch die Kraft von Gedanken und Worten dazu gebracht werden kann, erfolgreicher zu arbeiten. Wie Mangan in *The Secret of Perfect Living* betonen auch die anderen Bücher, die zu seinen Lebzeiten veröffentlicht wurden, das Unbewusste müsse freigesetzt werden, weil hierin der Schlüssel für den Erfolg liege. Während Freuds Fallstudien die Untiefen des Unbewussten erforschten, bemühten sich die Autoren der Neugeist-Bewegung wie Mangan darum, die natürliche Kraft des Unbewussten in uns allen zu entfesseln.

Die Sprache der Überredung

Mangans Switchword-Liste aus *The Secret of Perfect Living* weist nicht nur einen Zusammenhang zur Neugeist-Bewegung auf, sondern auch zum Aufstieg der Werbung in den Fünfziger- und Sechzigerjahren. An Mangans Switchword-Liste fällt auf, dass die Worte die ökonomische Landschaft widerspiegeln, was vielleicht auch nicht weiter verwunderlich ist. In den Fünfzigern erlebte Amerika einen allgemeinen Wirtschaftsaufschwung und die Ausbreitung der Popkultur durch das relativ neue Medium Fernsehen, über das die Werbeleute Produkte im Zuge des neuen amerikanischen Traums vom perfekten Leben in der Vorstadt verkaufen konnten. Das damit verbundene Verlangen nach sozialem Aufstieg spiegelt sich in mehreren von Mangans Switchwords wider: KLASSISCH, um kultiviert zu erscheinen; VERSCHWENDEN, um reich zu wirken; KLOPFEN, um etwas umzuwandeln; und, da er selbst ein leitender Werbefachmann war, das Wort ALBERN, »um sich Publicity zu verschaffen«.

Da Mangan zur Erforschung von Switchwords weiterhin »Tausende von Experimenten mit Menschen aus allen Gesellschaftsschichten« durchführte, um sie der Verwirklichung ihrer Lebensträume näherzubringen, wurde die Werbeindustrie auf die für den allgemeinen Verkauf wirkungsvollsten Kraftworte aufmerksam. Im Jahr 1963, als auch *The Secret of Perfect Living* erschien, präsentierte der legendäre Agenturchef und »Vater der Werbung« David Ogilvy in seinem ersten Buch *Geständnisse eines Werbemannes* seine Liste der 22 einflussreichsten Einzelworte in den Schlagzeilen eines Werbetextes. Von seiner Liste können acht zugleich als Switchwords verwendet werden: »plötzlich«, »jetzt«, »erstaunlich«, »Wunder«, »wunderbar«, »Angebot«, »gratis« und »leicht« (das Switchword lautet LEICHTIGKEIT). Die Worte ausfindig zu machen, die den Konsumwunsch der Öffentlichkeit »anschalten«, war eine lukrative Forschung.

Die Weiterentwicklung nach Mangan

Mangans Switchword-Erbe wurde nach seinem Tod im Jahr 1970 von Shunyam Nirav fortgeführt. Er hatte 1975 Mangans vergriffenes Buch *The Secret of Perfect Living* in einer kalifornischen Buchhandlung entdeckt. Nirav, Autor, Künstler und Musiker, wurde von diesem Buch derart inspiriert, dass er die nächsten dreißig Jahre hindurch über Switchwords forschte und über seine Switchword-Gruppe und sein Buch *Switchwords Easily Give to You Whatever You Want in Life* sein Wissen verbreitete.

Nirav wollte damit das von Mangan Geschriebene fortsetzen und aktualisieren und ihm so eine Bedeutung für den zeitgenössischen Leser geben. Er fügte über zwanzig neue Switchwords hinzu und nahm die Mehrheit der Switchwords von Mangans Liste auf. Wie bei Mangan ist auch bei ihm ein Teil der von ihm aufgegriffenen Worte ein kulturelles Echo seiner Welt wie beispielsweise LIEBE (um Liebe anzuziehen) oder ZEN (um in einen meditativen Zustand zu gelangen).

Im März 2008 starb Nirav, aber seine Arbeit an den Switchwords wurde von Kat Miller fortgesetzt. Sie schloss sich etwa zu der Zeit, in der Nirav krank wurde und sich nur noch begrenzt einbringen konnte, Niravs Yahoo-Switchwords-Gruppe an. Zunächst wurde sie zur Moderatorin der Gruppe und übernahm schließlich, als Nirav abtrat, die Leitung. Seither haben Kat und andere Switchword-Forscher weitere neue experimentelle Switchwords in ihren Blogs und auf ihren Websites veröffentlicht und das besondere Geschenk der Manifestation durch Switchwords mit uns allen geteilt.

Anhang II:
Verzeichnis der Switchwords

Traditionell wird zwischen drei Typen von Switchwords unterschieden: universellen, offenen und persönlichen. Ich habe eine zusätzliche Kategorie zu ihnen hinzugefügt: die experimentellen. Experimentelle Switchwords, die in der unten stehenden Liste mit einem Sternchen versehen wurden, sind neue Switchwords, die ich für dieses Buch erforscht habe. Persönliche Switchwords sind diejenigen, mit denen du in Resonanz trittst (siehe dazu Kapitel 4). Du kannst sie im Anschluss an das folgende Verzeichnis aufschreiben und das Datum ihrer Anwendung eintragen und festhalten, welche Ergebnisse sie gebracht haben.

Universelle Switchwords sind **fett und unterstrichen**, wenn es sich um solche handelt, die James T. Mangan in seinem Buch *The Secret of Perfect Living* aufgeführt hat, und ***fett und kursiv***, wenn sie in Shunyam Niravs Buch *Switchwords Easily Give to You Whatever You Want in Live* aufgelistet sind oder zu denen gehören, die von Kat Miller und anderen fortlaufend weiter erforscht wurden. Nach den Ergebnissen von Mangans und Niravs Untersuchungen funktionieren universelle Switchwords bei 95 bis 100 Prozent der Menschen.

Offene Switchwords, die in der Grundschrift belassen wurden, legen bei 50 bis 94 Prozent aller Menschen einen Schalter um. Es kursieren viele offene Switchwords, von denen angenommen wird, dass sie bei den meisten Menschen funktionieren. Die im Folgenden aufgeführten stellen eine Auswahl dar. Sie entsprechen

Bachblüten-Mitteln oder entstammen Untersuchungen von Kat Miller.

A

ABSCHNITT: Zum Setzen von Zielen und zur Entwicklung von Routinen oder Mustern; verbessert eine Situation.

AGRIMONY: Bachblüten-Switchword, das Überempfindlichkeit verringert.

ALBERN: Ermöglicht eine erfolgreiche Werbung; weckt öffentliche Aufmerksamkeit.

ALLEIN: Heilt kleinere Verletzungen und fördert allgemein die Heilung.

ALS NÄCHSTES: Hilft bei der Durchführung einer detaillierten, sich wiederholenden Arbeit wie Buchführung, Hausarbeit oder Durchsicht von Examensarbeiten.

AN: Das »Erlaubnis«-Switchword; schenkt neue Ideen; hilft beim Reisen; erzeugt Ehrgeiz; unterstützt beim Bauen, Erschaffen oder Produzieren.

ANGEBOT: Unterdrückt Gier.

ASPEN: Bachblüten-Switchword, das dem Angstabbau dient.

AUF HALBEM WEGE: Verkürzt die Reisezeit; lässt ein Ziel leichter erreichbar erscheinen.

AUFMERKSAMKEIT: Hilft, auf Details zu achten und Flüchtigkeitsfehler zu vermeiden.

AUFPASSEN: Unterstützt beim Erlernen einer Fähigkeit.

AUFTRETEN: Ermöglicht es, ein guter Redner zu sein.

AUS: Erleichtert das Einschlafen oder den Bruch mit einer schlechten Angewohnheit; das »Schluss-damit«-Switchword.

AUSDEHNEN: Hält ein gutes Gefühl oder eine positive Situation aufrecht; verlängert eine Gewinnsträhne.

AUSGEBEN: Hilft dabei, sich gut zu kleiden und sein äußeres Erscheinungsbild zu verbessern.

AUSKLÜGELN: Unterstützt bei der Veröffentlichung eines erfolgreichen Magazins; steigert den Erfolg.

AUSRICHTEN: Erleichtert es, mit einer unangenehmen Situation sinnvoll umzugehen oder mit einer Verantwortung oder Bürde fertigzuwerden.

B

BEECH: Bachblüten-Switchword, das übermäßige Fürsorge und Besorgtheit reduziert.

BEENDEN: Vertreibt Sorgen, Armut, Schulden, Ärgernisse, Negativität oder sonstige unerwünschte Zustände.

BEHÜTEN: Stärkt die Erinnerung; hilft, Informationen zu bewahren.

BETRACHTEN: Hilft, ein guter Handwerker zu sein oder etwas zu diagnostizieren.

BEUGEN: Schenkt Demut, stoppt Arroganz; verkleinert etwas.

BEURTEILEN: Macht Lesen zur Freude; unterstützt Arbeit und Studium; verbessert das Verständnis.

BEWEGUNG: Verleiht eine plötzliche Energie.

BIEGUNG: Erzeugt Schönheit und unterstützt beim Anfertigen schöner Dinge; steigert das Selbstwertgefühl.

BINGO: Begeistert; lässt gewinnen; hilft, eine Sache gut zu machen.

BLUFF: Verringert und zerstreut Sorgen, Ängste und Nervosität.

BLUME: Lässt erblühen und gedeihen.

BRINGEN: Motiviert; erleichtert es, schwanger zu werden; bewirkt, dass sich etwas manifestiert oder geliefert wird.

C

CENTAURY: Bachblüten-Switchword, das Überempfindlichkeit reduziert.

CERATO: Bachblüten-Switchword, das Unsicherheit abbaut.

CHAMPION*: Unterstützt Gewinner; spürt eine gute Investition auf.

CHERRY PLUM: Bachblüten-Switchword, das Angst verringert.

CHESTNUT BUD: Bachblüten-Switchword, das Apathie reduziert.

CHICORY: Bachblüten-Switchword, das übermäßige Fürsorglichkeit und Besorgnis abbaut.

CHLOR: Hilft beim Aufbau und bei der Pflege sozialer Kontakte; ermöglicht Verschmelzung und Einswerdung.

CLEMATIS: Bachblüten-Switchword, das Apathie abbaut.

CRAB APPLE: Bachblüten-Switchword, das es erleichtert, seine Überzeugungen oder emotionalen Erinnerungen loszulassen.

D

DAHEIM*: Stimmt das Wurzelchakra ein; verleiht ein Gefühl größerer Sicherheit und Erdung.

DAHEIM: Hilft, ein Zuhause zu finden oder sich eines zu erschaffen.

DANK: Beendet ein Betrauern der Vergangenheit.

DANKE*: Dankt den vorhandenen Mächten (Julie Leivers).

DEAKTIVIERUNG: Macht inaktiv und beruhigt.

DRANBLEIBEN*: Hält die Aufmerksamkeit aufrecht und stärkt die Konzentration.

DRÄNGEN: Bringt Kinder dazu, Anweisungen zu befolgen.

DREHEN*: Wendet alles; verwandelt Negatives in Positives.

DREHEN: Hilft bei Verstopfung.

DURCHKOMMEN*: Hilft dabei, eine Prüfung zu bestehen und ruhig zu bleiben.

DURCHBRUCH: Fördert Entdeckungen und Innovationen.

E

EINGESTEHEN: Beendet Aggressionen.

EINWICKELN*: Gibt Sicherheit und unterstützt die Bitte nach Schutz.

ELM: Bachblüten-Switchword, das gegen Überlastung hilft und Ausgewogenheit verleiht.

ENGAGIEREN: Schafft Chancen; erleichtert das Aufrechterhalten von Aufmerksamkeit.

ENGEL*: Gibt Orientierungshilfe.

ENTFERNEN: Beseitigt Negativität und neutralisiert Wut.

ERDULDEN: Hilft, mit Erfolg und Wohlstand zurechtzukommen.

ERMÖGLICHEN: Ebnet den Zugriff auf oder die Freigabe oder Entdeckung von etwas.

ERMUTIGEN: Verwandelt einen Rückschlag in einen Vorteil.

ERRATEN: Beendet übermäßiges Grübeln und Hinauszögern.

ERREICHEN: Das Gedankenblitz-Switchword, das dabei hilft, verlorene Dinge wiederzufinden, sich an etwas zu erinnern, kreativ und erfinderisch zu sein, eine Inspiration zu erhalten, Probleme zu lösen oder die richtigen Worte zu finden.

EULE: Lässt neue Perspektiven entdecken; ermöglicht es, feine Unterschiede zu bemerken.

EWIG: Hilft, ein Geheimnis zu bewahren.

F

FINDEN: Hilft, Vermögen zu bilden.

FLÜGEL: Ermöglicht es, sich über Zwänge oder Schmerzen zu erheben und sich frei zu bewegen.

FORTFAHREN: Vergrößert die Ausdauer; unterstützt beim Schwimmen.

FÜR MICH*: Schenkt Privatheit; Zeit für sich selbst.

FÜR: Fördert, beflügelt zum Beispiel Werbung.

G

GEBEN: Unterstützt Verkauf und Großzügigkeit sowie das Helfen.

GEHEN: Beendet Trägheit.

GELDREGEN: Bringt einen unverzüglichen Gewinn, eine Auszahlung, eine Prämie; bewirkt einen Vermögenszuwachs.

GENTIAN: Bachblüten-Switchword zur Reduktion von Unsicherheit und zum Vertrauensaufbau.

GETAN: Ermöglicht das Einhalten eines Endtermins; kurbelt die Willenskraft an.

GOLD*: Fördert Gelingen und Gedeihen unter Druck.

GORSE: Bachblüten-Switchword, das Unsicherheit reduziert und gegen Hoffnungslosigkeit hilft.

GÖTTLICH: Wirkt Wunder; vergrößert Stärken.

GÖTTLICHE ORDNUNG: Hilft, die Dinge in Ordnung zu bringen oder etwas zu reparieren; ermöglicht es, organisiert und effizient vorzugehen; unterstützt beim Aufräumen, beim Saubermachen, bei der Gartenarbeit oder beim Stimmen eines Musikinstruments.

GÖTTLICHES LICHT: Intensiviert die Dinge; fördert die Erkenntnis und die Konzentration auf das Positive.

GÖTTLICHES TIMING: Beschleunigt; bringt ein Ereignis voran, wenn das für die Person, die darum bittet, sinnvoll ist.

GROSSZÜGIGKEIT: Verleiht Freigebigkeit; beendet kleinkarierte Haltungen.

H

HALTEN: Maximiert positive Charakterzüge.

HALTEN*: Hilft, bei einem Gefühl der Gefährdung die persönlichen Grenzen zu bewahren.

HANDELN: Ermöglicht eine klare Kommunikation.

HEATHER: Bachblüten-Switchword, das die Einsamkeit reduziert.

HILFE: Beendet »Aufschieberitis« und Unsicherheit.

HIMMEL: Vermittelt ein Gefühl der Sicherheit; eröffnet Möglichkeiten.

HINAUF: Schenkt Selbstvertrauen und hilft, Minderwertigkeitskomplexe zu überwinden; vertreibt Niedergeschlagenheit.

HINUNTER: Erzeugt Bescheidenheit; unterbindet Prahlerei.

HINZUFÜGEN: Steigert etwas; kurbelt an, was man hat.

HO: Lässt seufzen und entspannen.

HOLLY: Bachblüten-Switchword zum Verringern von Überempfindlichkeit, Neid und Misstrauen.

HONEYSUCKLE: Bachblüten-Switchword, das zur Gegenwartsorientierung und zur Akzeptanz der Realität verhilft.

HORNBEAM: Bachblüten-Switchword zur Überwindung von Apathie.

I

ICH BIN*: Dient beim Heilen dem Einstimmen des Kehlkopfchakras; unterstützt die Selbstdarstellung; hilft beim Finden der Wahrheit.

IMPATIENS: Bachblüten-Switchword gegen Ungeduld und für Ausgeglichenheit.

J

JA!: Motiviert und beendet »Aufschieberitis«.

JETZT: Ermöglicht es, auf eine positive Anregung oder Idee hin zu handeln; besiegt die »Aufschieberitis«.

JUBELN: Beendet Eifersucht.

JUWEL*: Dient beim Heilen dem Einstimmen des Solarplexuschakras; dämpft Angst.

K

KAMPF: Hilft, einen Wettkampf, etwa im Sport, zu gewinnen oder einen Gegner zu verunsichern.

KATALYSATOR: Löst eine Reaktion aus; bringt Veränderung.

KICHERN: Versetzt in Schreibstimmung.

KLASSISCH: Lässt kultiviert erscheinen.

KLOPFEN: Dient der Umwandlung oder Überzeugung einer Person.

KNUSPRIG: Schenkt neue Energie und Kraft.

KOPIEREN: Fördert einen guten Geschmack oder die Fruchtbarkeit.

KREISEN: Vertreibt Einsamkeit und fördert Geselligkeit.

KRISTALL*: Stimmt das Chakra des Dritten Auges ein; unterstützt die Intuition.

KRISTALL: Schafft Klarheit; ermöglicht einen Blick in die Zukunft; verbessert das Hellsehen; reinigt und neutralisiert; verschafft einen Zugang zum universellen Wissen.

KRONE*: Fördert Erfolg und Anerkennung; stärkt den Ehrgeiz und die Selbststeuerung.

L

LÄCHELN: Erzeugt ein Lächeln.

LANGSAM: Schenkt Geduld und Weisheit.

LARCH: Bachblüten-Switchword, das Niedergeschlagenheit und Unterlegenheitsgefühle mildert.

LAVENDEL: Hilft, zu entspannen und einzuschlafen.

LENNON*: Schlichtet und hilft, Liebe und Frieden zu finden.

LERNEN: Verleiht sofort eine jugendliche Haltung und Erscheinung.

LEUCHTEN*: Schenkt Segen; steigert die Schwingung; hebt die Stimmung; beseitigt Negativität; weckt eine bestimmte Aufmerksamkeit.

LICHT*: Bringt heilendes Licht.

LICHT: Schenkt Inspiration; hellt die Stimmung auf.

LIEBE*: Stimmt das Herzchakra ein; heilt Gefühle.

LIEBE: Hilft, Liebe anzuziehen und zu erzeugen.

LOB: Lässt schön oder stattlich erscheinen; hilft, den eigenen Körper zu lieben; verschafft Lob von anderen; beendet die Suche von Schuld bei anderen.

LOCH: Verstärkt das Charisma; macht attraktiv.

LÖSCHEN: Tilgt Schulden und so weiter.

LOSLASSEN: Verleiht Charisma.

M

MAIS*: Schafft Überfluss.

MASKE: Schützt und schirmt ab.

MIMULUS: Bachblüten-Switchword zum Abbau von Angst.

MIT: Macht verträglich; erleichtert es, mit anderen Menschen zurechtzukommen.

MITGEFÜHL: Hilft, freundlich und akzeptierend zu sein; lindert Schmerzen.

MONA LISA: Erzeugt ein Lächeln; vertreibt Hass und Neid.

MORGEN: Beendet Zerknirschtheit.

MUSIK: Erzeugt einen Strom der Harmonie und der Liebe.

MUSTARD: Bachblüten-Switchword zur Verringerung von Unsicherheit.

MUTTERLEIB: Vermittelt das Gefühl, genährt zu werden, es behaglich zu haben, sicher zu sein; ermöglicht es, sich wieder mit der Quelle zu verbinden.

N

NACHGEBEN: Hilft, Streitigkeiten zu beenden.

NEHMEN: Dient der Pflege von Führung.

O

OAK: Bachblüten-Switchword, das Niedergeschlagenheit und Verzweiflung verringert.

ÖFFNEN*: Öffnet beim Heilen die Chakren.

ÖFFNEN: Öffnet für Inspirationen; verbindet; fördert das Verstehen.

OLIVE: Bachblüten-Switchword zur Überwindung von Erschöpfung.

ONKEL: Hilft, beim Spüren eines negativen Einflusses den Sinn für das Selbst zu wahren.

OZEAN*: Lässt träumen.

P

PERSÖNLICH: Hilft, erfolgreich eine Website, einen Newsletter oder einen Blog zu betreiben.

PFERD: Verleiht Kraft und Stärke.

PINE: Bachblüten-Switchword gegen Schuldgefühle und Verzweiflung.

PLANEN: Unterstützt Entwürfe, Werbung oder Produktion.

R

RED CHESTNUT: Bachblüten-Switchword zum Abbau von Angst.

REICHLICH: Erzeugt Reichtum und Großzügigkeit.

REIN*: Stimmt das Kronenchakra ein; stellt eine spirituelle Verbindung her.

REINIGEN: Säubert oder annulliert.

RETTEN: Hilft, mit dem Trinken aufzuhören.

RINGSHERUM: Vermittelt eine bessere Perspektive.

ROCK ROSE: Bachblüten-Switchword zum Angstabbau.

ROCK WATER: Erleichtert es, zu einer flexiblen Haltung zurückzufinden.

S

SCHLIESSEN: Beendet das Bedürfnis, nach Ärger zu suchen.

SCHMUNZELN: Fördert das persönliche Vertrauen und schaltet die Persönlichkeit an.

SCHNITT: Führt zur Mäßigung und zügelt Exzesse.

SCHWUNG: Gibt Mut und die Kraft, sich einer Situation zu stellen.

SCLERANTHUS: Bachblüten-Switchword gegen Unentschlossenheit.

SEIN: Stärkt die Gesundheit sowie die Widerstandskraft gegenüber Gespött und anderen negativen Haltungen; schenkt inneren Frieden; fördert die Sportlichkeit.

SICHERHEIT: Fördert den Gelderwerb; hilft dabei, das Rauchen zu reduzieren.

SINGEN: Entfacht Gefühle; lässt die Wirkung von Worten spüren.

SPRUDELN: Schenkt Energie und Begeisterung; ermöglicht es, vermeintliche Grenzen zu überschreiten.

STAR OF BETHLEHEM: Bachblüten-Switchword zum Abbau von Niedergeschlagenheit und Verzweiflung sowie zur Verarbeitung eines Schocks.

STEIGEN: Hilft beim Aufstieg; erweitert den Blickwinkel.

STELLEN: Hilft dabei, etwas aufzubauen oder zu entwickeln.

STILL: Bezwingt das Ego.

STOPP*: Beendet übermäßiges Grübeln; fördert den Schlaf.

STRAND*: Lässt träumen, entspannen und »alle viere von sich strecken«.

SUMMEN*: Richtet alle Chakren aus (ein Switchword von Julie Leivers, siehe Kapitel 5).

SÜSS*: Stimmt das Sakralchakra ein; beseitigt Blockierungen von Kreativität oder Fruchtbarkeit.

SÜSS: Ermöglicht es, einen beruhigenden Einfluss zu haben oder ein guter Gesellschafter/eine gute Gesellschafterin zu sein.

SWEET CHESTNUT: Bachblüten-Switchword zum Abbau von Trostlosigkeit und Verzweiflung.

T

TU ES: Hilft beim Überwinden der »Aufschieberitis«.

U

UMKEHREN: Erleichtert es, Groll zu begraben; hilft weiterzugehen.

UMSCHLAG: Umhüllt und sichert etwas; setzt Prioritäten; verleiht Schutz.

V

VERÄNDERUNG: Befreit von Schmerzen in allen Teilen des Körpers und von allen anderen unerwünschten Dingen wie etwa negativen Gedanken; hilft auch, etwas aus dem Auge zu bekommen.

VERGEBEN: Erleichtert es, zu verzeihen und seinen Groll abzubauen; beseitigt das Bedürfnis nach Rache.

VERMITTLER: Zeigt einen Weg; ermöglicht eine Übermittlung oder Kommunikation.

VERSCHWENDEN: Lässt reich erscheinen.

VERVAIN: Bachblüten-Switchword, das Selbstüberforderung abbaut und das innere Gleichgewicht wiederherstellt.

VINE: Bachblüten-Switchword zur Reduktion übermäßiger Fürsorglichkeit und Besorgtheit.

VOLL DABEI: Lässt etwas ganz und gar und aus tiefster Überzeugung genießen, annehmen und aufnehmen; steht für einen wunderbaren Durchbruch auf mehreren Ebenen.

VORBEI: Beendet Frustrationen.

W

WACHSAM: Vergrößert die Achtsamkeit.

WÄCHTER: Schützt den persönlichen Raum oder Besitz.

WALNUT: Bachblüten-Switchword, das die Beeinflussbarkeit durch andere verringert.

WANDELN: Verbessert eine Lage und bewirkt eine positive Veränderung; ermöglicht Fortschritt.

WARTEN: Hilft, ein Geheimnis in Erfahrung zu bringen.

WATER VIOLET: Bachblüten-Switchword, das Einsamkeit verringert.

WEGDUCKEN: Verringert eine Überempfindlichkeit.

WEISE: Vertreibt negative Energien.

WHITE CHESTNUT: Bachblüten-Switchword zur Auflösung von ständig wiederkehrenden Gedanken und gegen Apathie.

WIDMEN: Beendet ein Festklammern.

WIEDERHERSTELLEN: Bringt etwas wieder ins Gleichgewicht; verhilft zu Gerechtigkeit; gibt zurück, was man verloren zu haben meint.

WILD OAT: Bachblüten-Switchword gegen Unsicherheit.

WILD ROSE: Bachblüten-Switchword, das Apathie abbaut.

WILLOW: Bachblüten-Switchword, das aus einer Opferrolle und aus Passivität befreit.

WIND: Verschafft Zugang zur eigenen verborgenen Kraft.

WINZIG: Macht liebenswürdig, freundlich und umsichtig.

WOLF: Stärkt das Durchhaltevermögen; ermöglicht kraftvolle Entscheidungen; fördert soziales Vertrauen.

WURZEL*: Vermittelt beim Heilen das Gefühl, geerdet zu sein; unterstützt Nachforschungen, Entdeckungen oder Wachstum.

Z

ZAUBER: Verwirklicht deinen Herzenswunsch.

ZEIGEN: Hilft, ehrlich oder andächtig zu sein.

ZEIGEN: Verbessert die Sehkraft.

ZEN: Verhilft zu einem meditativen Zustand.

ZIMMER*: Ermöglicht es, zu entspannen und abzuschalten.

ZUDECKEN: Bändigt Aufgeregtheit und beruhigt die Nerven.

ZUHÖREN: Ermöglicht es, die Zukunft vorherzusagen.

ZURÜCKSTELLEN: Beendet die Haltung des Schmollens.

ZUSAMMEN: Das Meister-Switchword bringt einem, was man will; richtet das unbewusste und das bewusste Selbst so aufeinander aus, dass sie eine Einheit bilden.

ZWISCHEN: Hilft, übersinnliche Fähigkeiten zu entdecken oder zu verstärken; vergrößert telepathische Fähigkeiten.

Weiterführende Literatur und Links

Allgemeine Links

Miller, Kat:
http://blueiris.org/community/
http://www.powerfulintentions.org/profile/KatMiller

Allgemeine Literatur

Alon, Doron: *Switchword Miracles. Creating Miracles, One Word at a Time,* Numinosity Press 2012.
Beer, Sue, und Roberts, Emma: *Step-by-Step Tapping. The Amazing Self-Help Technique,* Gaia 2013.
Mangan, James T.: *The Secret of Perfect Living,* Infinity Publishing (reprint edition) 2006.
Nirav, Shunyam: *Switchwords Easily Give to You Whatever You Want in Life,* Masterworks Unlimited 2006.
Williams, Natasha: *Switchword Magic. The Secret to Getting Everything You Want in Life,* New Concept Media 2014.

Literatur und Links zu den einzelnen Kapiteln

EINLEITUNG
Zur Theorie der Meme:
Dawkins, Richard: *The Selfish Gene,* Oxford University Press 2006. (Deutsch: *Das egoistische Gen,* Rowohlt, Reinbek 1994.)

Switchwords als Mantra:
http://health.usnews.com (Douglas Brookes über Sanskrit).
Warum Switchwords erfolgreich sein können, wo Affirmationen
scheitern:
Waldman, Mark, und Newberg, Andrew: »The Most Dangerous
Word in the World«, in: *Psychology Today*, 1. August 2012.

Kapitel 1:
Das Timing des Unbewussten ist unfehlbar:
Berlin, Heather A.: »The Neural Basis of the Dynamic Uncon-
scious«, in: *Neuropsychoanalysis* 13 (1) 2011.

5 Prozent/95 Prozent:
Szegedy-Maszak, Marianne: »Mysteries of the Mind. Your Uncon-
scious Is Making Your Everyday Decisions«, in: *US News and
World Report*, Auburn University.

Was das Unbewusste nachts lernt:
Lipton, Bruce H.: *The Biology of Belief. Unleashing the Power of
Consciousness, Matter and Miracles*, Hay House 2008.

Forschung der Northwestern University:
Feld, Gordon B., und Born Jan: »Unlearning Implicit Social Biases
During Sleep«, in: *Science*, Bd. 348, Nr. 6238 (29. Mai 2015),
S. 1013 ff.

Innere Konflikte erkennen:
Die Zusammenfassung der hebbschen Regel in dem Satz »Neuronen, die miteinander feuern, vernetzen sich« wird der Neurowissenschaftlerin Carla Shatz zugeschrieben.

Mit Scham umgehen:
Ronson, Jon: *So You've Been Publicly Shamed*, Picador 2015.

Kapitel 3:
Kreatives Problemlösen, BRINGEN:
Hankel, Isaiah: *Black Hole Focus. How Intelligent People Can Create a Powerful Purpose for Their Lives*, Capstone 2014.

Persönliche Stärkung, MONA LISA:
Newberg, Andrew, und Waldman, Mark Robert: *Words Can Change Your Brain. 12 Conversation Strategies to Build Trust, Resolve Conflict, and Increase Intimacy*, Penguin 2014.

Verkauf, Werbung und Marketing, ALBERN:
Boerstler, Diane: www.nlphypnocopy.com.

Mit Schmerzen umgehen, VERÄNDERUNG:
Myss, Caroline: *Why People Don't Heal and How They Can*, Bantam 1998.
Weil, Andrew: http://www.drweil.com/drw/u/VDR00112/The-4-7-8-Breath-Benefits-and-Demonstration.html.

Kapitel 5:
Chakra-Switchwords:
Shannahoff-Khalsa, David zur Wiederholung von Mantren: http://www.wakingtimes.com

Wasser mit Switchwords aufladen:
Emoto, Masaru: *The Hidden Messages in Water*, Beyond Words Publishing 2004.
Emoto, Masaru: http://www.masaru-emoto.net.

Zahlen der Solfeggio-Skala:
Horowitz, Leonard G., und Puleo, Joseph S.: *Healing Codes for the Biological Apocalypse*, Healthy World 1999.

Anhang I: Der Ursprung der Switchwords

Der Ursprung des Begriffs »Switchword«:
Freud, Sigmund: »Fragment of an Analysis of a Case of Hysteria« (1905), in: *Dora. An Analysis of a Case of Hysteria*, Touchstone 1997. In der deutschen Version des Textes, »Bruchstück einer Hysterie-Analyse«, http://gutenberg.spiegel.de/buch/-912/1, spricht Freud von »Wechsel«.

Switchwords als Metapher:
Lacan, Jacques: *Écrits. The First Complete Edition in English*, W. W. Norton 2007. (Deutsch: *Schriften I–III*, Quadriga 1986).

James T. Mangan:
Stump, Dean: Vorwort zu: James T. Mangan: *The Secret of Perfect Living*, Infinity Publishing 2006 (Reprint der Ausgabe von 1963).

Mangan und die »Nation of Celestial Space«, Celestia: »Chicago Man Stakes Claim to Outer Space«, in: *Science Illustrated*, Mai 1949, und https://en.wikipedia.org/wiki/Nation_of_Celestial_Space

Mangan und die Werbung:
Ogilvy, David: *Confessions of an Advertising Man*, Southbank Publishing, 2004 (Erstausgabe 1963). (Deutsch: *Geständnisse eines Werbemannes*, Econ, Düsseldorf 1995.)

Dank

Die Unterstützung folgender Personen war von unschätzbarem Wert für mich: Als Erstes und in ganz besonderer Weise danke ich Michael Young für seine Einsichten, seine Liebe und seine Unterstützung; ferner Jennifer Hykin, Claire Gillman, Kathy Hulme, Christina Archbold, Steve Jex, Rhonda Mason, Tania O'Donnell, Mary Lambert, Mary Young, Jayne Wallace, Eric und Jean Dean, Julia Dus, Kim Arnold, Yasia Williams-Leedham und Jackie Cox.

Petra Galligan und Julie Leivers schenkten mir ihre Zeit, ihre Fachkenntnis und ihre Energie, um die Chakra-Switchwords zu untersuchen und ihre eigenen hinzuzufügen. Ich bin ihnen zutiefst dankbar dafür. (Man kann Petra Galligan unter »Create and Connect« auf Facebook kontaktieren.) Kat Miller bin ich für ihre Freundlichkeit, ihren Beitrag zu den Energiekreisen und für die von ihr erforschten Switchwords, die ich in dieses Buch aufnehmen durfte, auf ewig dankbar.

Mein Dank für Switchwords geht außerdem an Diane Boerstler, MNlp und NLP HypnoCopy: http://nlphypnocopy.com, und an Dean Stump, den Enkel des Switchword-Schöpfers James T. Mangan, dafür, dass er die biografischen Details zu James Mangans Leben überprüft hat.

Schließlich haben sich Carolyn Thorne von HarperCollins und meine Agentin Chelsey Fox ein besonderes Dankeschön verdient, weil sie aus ganzem Herzen an dieses Buch geglaubt haben. ENGEL-LICHT-GÖTTLICH-DANKE.

Register

A

Affirmationen 10, 18, 26
Akasha-Chronik 138, 148
Amygdala 19
Anziehung, Gesetz der 10
Arezzo, Guido von 167

B

Bachblüten-Switchwords
– Agrimony 157, 190
– Aspen 44, 158, 190
– Beech 159, 191
– Centaury 157, 192
– Cerato 160, 192
– Cherry Plum 44, 158, 192
– Chestnut Bud 161, 192
– Chicory 159, 192
– Clematis 161, 192
– Crab Apple 162, 192
– Elm 162, 193
– Gentian 160, 194
– Gorse 160, 194
– Heather 163, 195
– Holly 157, 195
– Honeysuckle 162, 195
– Hornbeam 160, 195
– Impatiens 163, 196
– Larch 163, 197
– Mimulus 44, 158, 198
– Mustard 160, 198
– Oak 163, 198
– Olive 161, 198
– Pine 164, 199
– Red Chestnut 44, 158, 199
– Rock Rose 44, 158, 199
– Rock Water 159, 199
– Scleranthus 161, 200
– Star of Bethlehem 164, 200
– Sweet Chestnut 164, 200
– Vervain 159, 201
– Vine 159, 201
– Walnut 157, 202
– Water Violet 163, 202
– White Chestnut 162, 202
– Wild Oat 161, 202
– Wild Rose 162, 202
– Willow 164, 202
Berlin, Heather A. 29
Blockaden 33, 37
– aussprechen 42
– bessern 42
– löschen 42
– und Angst 43
– und Geschenke annehmen 48f.
– und Solfeggio-Zahlen 170
– und ungewollte Überzeugungen 42
– und Wellenfrequenzwerte 165ff.

Boerstler, Diane 90
Born, Jan 31, 33
Brooks, Douglas 16
Byrne, Rhonda, 14, 184

C

Callahan, Roger J. 171
Collier, Robert 184
Creery, Jessica 31f.

D

Da Vinci, Leonardo 132
Dankbarkeitsübung 49f., 69
Dawkins, Richard 14f.
Dhavamony, Mariasusai 18
Diaconus, Paulus 167

E

Eckland, Everett 182
Emotional Freedom Techniques
    (EFTs) 8, 56, 104, 171
Emoto, Masaru 153
Energiekreise 58, 150ff.
Expositionseffekt 23

F

Feld, Gordon B. 31, 33
Fingermuskeltest 127f., 164
Freud, Sigmund 30, 41, 181,
    183

G

Galligan, Petra 14, 140
Gayatri-Mantra 18
Gedankenfeldtherapie (Thought
    Field Therapy – TFT) 171

H

Haanel, Charles 184
Hankel, Isaiah 80f.
Hebbsche Regel 37
Horowitz, Leonard G. 169
Huxley, Aldous 14

K

Kanjur 17
Klangmeme 14f.
Klangvibrationen 10
Konflikte erkennen 36, 38

L

Lacan, Jacques 181
Leivers, Julie 144f.
Leuchten-Mantra 111
Lipton, Bruce 30
Lorenz, Edward 17

M

Mangan, James T. 51, 77, 86, 90,
    105, 181, 183ff., 186f., 189
Manifestationen, Basis von 25
Mantras 10

Meister-Switchword Zusammen
12, 19, 39, 44, 46f., 54, 68ff., 72,
83, 90, 95, 101ff., 106, 111, 113,
127f., 130, 134, 138, 140, 149,
185
Memtheorie 14f.
Meridianpunkte 56
Miller, Kat 58, 150, 152f., 155f.,
187, 189f.
Muskeltest, kinesiologischer 59ff.,
69
Myss, Caroline 106

N

Neuro-Linguistisches Programmieren (NLP) 8, 13, 64, 90f.,
124
Newberg, Andrew 86
Nirav, Shunyam 76, 87f., 98, 187,
189

O

Ogilvy, David 186

P

Prokrastination 36, 67
Puelo, Joseph 169

Q

Quintus Serenus Sammonicus 11

R

Realität, Veränderung der 16
Reiki 13
Rife, Royal Raymond 169
Rife-Frequenzen 169
Rigveda 18

S

Sättigung, semantische 15
Scham und Wahrheit 42
Schicksalszahlen, Bedeutung der
135
Schlaf und unbewusste Einstel-
lungen 31
Schmetterlingseffekt 17
Schumann, Wilfried Otto 166
Schwingung 14, 16
Shannahoff-Khalsa, David 141
Solfeggio-Skala 167ff.
Staal, Frits 20
Switchwords
– Abschnitt 88, 97, 190
– Abschrecken 93
– Albern 88, 90, 95, 186, 190
– Allein 93, 104f., 190
– Als Nächstes 97, 99, 117, 190
– An 75, 78, 82f., 86, 117, 144, 190
– Angebot 112, 114, 190
– Auf halbem Wege 78, 83, 97,
117, 121, 190
– Aufdecken 93
– Aufmerksamkeit 97, 190
– Aufpassen 97, 190
– Aufsteigen 93

- Auftreten 94, 103, 190
- Aus 112f., 122f., 190
- Ausdehnen 74, 110, 190
- Ausgeben 191
- Ausklügeln 89, 191
- Ausrichten 75, 84ff., 191
- Beenden 77, 86, 93, 104, 106ff., 110f., 115, 191
- Befreien 93
- Begeistert 93
- Beginnen 93
- Behüten 23, 97f., 191
- Beleuchten 111
- Betrachten 191
- Beugen 121, 191
- Beurteilen 97, 191
- Bewegung 47, 67, 104, 144, 191
- Biegung 82, 144, 191
- Bingo 74, 97, 191
- Blitz 93
- Bluff 43f., 70, 95, 106, 108f., 191
- Blume 191
- Bonus 93
- Bringen 12, 53, 78, 80f., 95, 100, 115, 138, 191
- Champion 74, 192
- Chlor 192
- Daheim 143, 192
- Dank 192
- Danke 50, 192
- Deaktivierung 192
- Dranbleiben 98, 192
- Drängen 192
- Drehen 79, 117, 130f., 192
- Durchbruch 79, 93
- Durchkommen 98f., 193

- Eile 93
- Einfach 93
- Eingestehen 193
- Engagieren 93, 193
- Engel 190
- Entfernen 93, 108, 110, 142, 193
- Entwickeln 138, 193
- Erdulden 193
- Ermöglichen 193
- Ermutigen 43, 84, 86, 121, 193
- Erraten 85, 97, 193
- Erreichen 22f., 40, 51, 64, 75, 78ff., 84, 88f., 97f., 118f., 138, 144, 148
- Erstaunlich 93
- Erzeugen 93
- Eule 120, 193
- Ewig 190
- Fallen lassen 93
- Fell 93
- Feuer 128
- Filter 93
- Finden 74, 144, 194
- Flügel 85, 105, 120, 194
- Fluss 129
- Fortfahren 87, 194
- Funke 93
- Für 88, 145, 194
- Für mich 194
- Geben 78, 88f., 100, 145, 194
- Gehen 194
- Geldregen 74, 93, 194
- Getan 67, 75, 83f., 97, 194
- Gold 85, 194
- Göttlich 115, 140, 194

- Göttliche Ordnung 87f., 117, 121, 194
- Göttliches Licht 194
- Göttliches Timing 195
- Großzügigkeit 74, 77, 195
- Halten 85, 144, 195
- Handeln 78, 87, 195
- Held 93
- Hilfe 84, 195
- Himmel 195
- Hinauf 43, 70, 84, 119, 144, 195
- Hinunter 195
- Hinzufügen 47, 87, 195
- Ho 122, 195
- Höchstes 93
- Honig 129f.
- Ich bin 196
- Immunität 93
- Ja! 85, 93, 119, 196
- Jackpot 93
- Jetzt 84, 115, 119f., 196
- Jetzt getan 120
- Jubeln 102, 196
- Juwel 196
- Kampf 196
- Kapitulation 93
- Katalysator 93, 196
- Kichern 67, 78, 81f., 196
- Klassisch 186, 196
- Klopfen 186, 196
- Knusprig 119, 196
- Kopieren 15, 115, 196
- Kreisen 196
- Kristall 93, 123, 145, 148, 197
- Krone 79, 87, 197
- Lächeln 196

- Langsam 101, 120, 197
- Lavendel 122, 197
- Leichtigkeit 186
- Leidenschaft 93
- Leitung 93
- Lennon 102, 197
- Leuchten 100, 108, 111f., 119, 140, 147, 197
- Licht 79, 197
- Lichtblitz 93
- Liebe 54, 72, 100, 102, 120, 144, 187, 197
- Lob 87, 100, 102, 112, 197
- Loch 100, 197
- Löschen 74, 197
- Loslassen 84, 197
- Mais 74, 198
- Maske 197
- Meißel 93
- Mit 95f., 198
- Mitgefühl 198
- Mona Lisa 84, 86, 132, 198
- Morgen 198
- Musik 102, 198
- Mutterleib 198
- Nachgeben 102, 198
- Nehmen 87, 198
- Öffnen 78, 145, 198
- Onkel 199
- Ozean 123, 199
- Persönlich 88, 199
- Pfeil 93
- Pferd 87, 95f., 199
- Planen 88, 93, 199
- Plötzlich 93
- Potenzial 93

- Puffer 93
- Reflektieren 93
- Reichlich 93, 199
- Rein 142, 199
- Reinigen 110, 112, 199
- Retten 112, 199
- Ringsherum 47, 59, 69f., 78, 94, 96, 120, 199
- Rote heiße Nadeln 107
- Sammeln 93
- Schließen 199
- Schlüssel 93
- Schmerz 107
- Schmunzeln 100, 199
- Schnappen 93
- Schnitt 74, 77, 102f., 112ff., 115, 200
- Schwung 84, 104, 144, 200
- Sein 44, 104, 112, 200
- Sicherheit 54, 56, 72, 74, 76, 94f., 112, 144, 173, 200
- Sieg 93
- Singen 200
- Sprudeln 119, 200
- Stecker ziehen 93
- Steigen 200
- Stellen 87, 200
- Still 200
- Stopp 123f., 200
- Strand 122, 200
- Suche 93
- Summen 200
- Süß 91f., 100, 200
- Triumph 93
- Tu es 84, 201
- Umkehren 102f., 201
- Umschlag 138, 147, 201
- Veränderung 44, 104ff., 129f., 201
- Verfolgen 93
- Vergeben 35, 102, 201
- Vermittler 201
- Verschwenden 186, 201
- Vertrauen 93
- Voll dabei 87, 201
- Vorbei 201
- Wachsam 93, 202
- Wächter 117, 202
- Wählen 93
- Wandeln 93, 202
- Wegducken 84, 202
- Weise 202
- Widmen 202
- Wiederherstellen 35, 84, 112, 202
- Wind 202
- Winzig 89, 91f., 95, 202
- Wolf 85, 119, 202
- Wunder 93
- Wurzel 147, 202
- Zauber 54, 72, 95f., 100, 115, 144, 203
- Zeigen 88, 203
- Zen 187, 203
- Zimmer 122, 203
- Zudecken 95, 203
- Zuhören 148, 203
- Zurückstellen 101, 203
- Zwischen 145, 148f., 203

Switchwords, Gebrauch der
- als Klangschwingungen 33

- als Mantras 16, 20
- als Mantra sprechen 56
- auf Reisen 117
- Austesten von 58
- Chakra- 141f.
- Einklopfen von 173f.
- -Energiekreise 150ff., 156
- experimentelle 71
- finden 125ff.
- Funktionieren von 14, 21, 63ff.
- für die Hauptchakren 143ff.
- für einen reibungslosen
  Tagesverlauf 121
- für sofortige Weisheit 120
- Heilung durch 137ff.
- -Heilungsritual 147
- -Karten 58
- klopfen 56
- -Notizen 58
- nützliche Wirkungen von 13
- offene 71
- -Paare 71
- persönliche 125ff.
- reale Namen als 131f.
- rezitieren 42
- -Sätze 71
- -Sätze für Chakra-Probleme
  145f.
- -Techniken 53ff.
- und Affirmationen 18, 20
- und Ankurbeln der Erinnerung
  118
- und Bachblüten 156ff.
- und bildliche Vorstellungen 178
- und Erhalten eines Energie-
  schubs 119

- und Fingermuskeltest 37
- und heilendes Wasser 58
- und Informationen freisetzen
  46
- und Marketing 90ff., 93
- und neue, positive Verknüpfungen 33
- und NLP 176
- und persönliche Zahlen 133
- und Prüfungsangst 174f.
- und Rückkopplungsschleife 46,
  68
- und Schlaf 57
- und Schwingungen 14
- und Social Media 57
- und unerwünschte Überzeugungen 33
- und visualisieren 127
- und Wasser 153, 156
- und Wiederfinden eines
  verlorenen Gegenstands 118
- und Zeitrahmen der Anwendung 61f.
- universelle 71
- Ursprung der 181f.
- zum Entspannen 122
Switchwords, Kombinationen von
- Beugen-Liebe-Wiederherstellen
  43
- Bring-Herbei 81
- Elohim-Göttlich 21, 138
- Finde-Göttliche-Sicherheit 21,
  45
- Göttliche-Liebe-Zauber-Sein 45
- Liebe-Sein 54
- Loslassen-Widerstand 37, 70

– Wiederherstellen-Jetzt 85
– Zusammen-Ausrichten 85
– Zusammen-Bluff 43f.
– Zusammen-Finde-Göttliche-
   Sicherheit 39f.
– Zusammen-Hinauf-Ermutigen
   43
– Zusammen-Veränderung 37, 44

T

Techniken der Emotionalen
   Freiheit 8

Ü

Überredung, Sprache der 186
Überzeugung, tiefer liegende 26,
   28
Unbewusstes
– Macht des 34, 44
– Timing des 29ff.

– und Blockaden 33
– und Universum,
   Übereinstimmung von 11
– unser 25f., 29f., 33
– Zustimmung unseres 34

V

Virtue, Doreen 66

W

Waldman, Robert 86
Wattles, Wallace D. 184
Weil, Andrew 124
Wellenfrequenzwerte 165ff.
Worte, Manifestationsmagie
   der 11

Z

Zusammen-Mantra 73